Ce mundró o miró
[*Wie schön die Welt ist*]

Romakinder in Leskowo, einer Siedlung bei St. Petersburg, Rußland

Die Romareisen
[Le romané phirimàta]

Joakim Eskildsen *Fotografien*   **Cia Rinne** *Text*   **Günter Grass** *Vorwort*

Inhalt

Vorwort

DIE ROMA SIND wie kein anderes Volk, außer dem der Juden, anhaltender Verfolgung, Benachteiligung und der planmäßigen Vernichtung ausgesetzt gewesen. Dieses Unrecht hält bis heute an. Selbst als Opfer der verbrecherischen Rassenpolitik während der Zeit des Nationalsozialismus werden die Roma und mit ihnen die Sinti nur zögerlich anerkannt; während der Völkermord an den Juden, wenn auch gegen Widerstände, sich unserem Bewußtsein eingeprägt hat, wird die Vernichtung von mehreren hunderttausend, was heißt, ungezählten, „nichtlebenswerten Zigeunern" in den Vernichtungslagern Auschwitz-Birkenau, Sobibor, Treblinka und an vielen anderen Orten des Schreckens allenfalls beiläufig erwähnt. Es ist, als stünde das Volk der Roma und ihre Opfer noch immer unter dem Verdikt, einer minderwertigen Rasse anzugehören.

Sobald die Angehörigen dieses Volkes, das immerhin seit über sechshundert Jahren in Europa, wenn schon nicht Heimat, dann doch vorübergehende Bleibe sucht, in unserer Nachbarschaft zur Ruhe kommen wollen, ist uns das „Zigeunerleben" nicht mehr „lustig". Dann soll „das fahrende Volk" sehen, wo es bleibt. Notfalls beruft man sich auf andere, gerade noch geduldete Ausländer, die ihrerseits unduldsam werden, sobald Zigeuner in Sicht sind.

Das Volk der Roma existiert jenseits aller fürsorglicher Obhut, erfährt nur selten Fürsprache und weiß keinen Staat zu nennen, der ihm unüberhörbar Stimme geben könnte.

Die geschätzt zwanzig Millionen Angehörigen dieses Volkes bilden die größte und dennoch nicht ausreichend anerkannte Minderheit Europas. Woher rührt diese ungenaue Zahl? Wir, die wir alles genau wissen und bis hinterm Komma genau wissen wollen, wir, denen Statistiken und Börsennotizen das Morgen- und Abendgebet ersetzen, wir, die gelernten Zahlen-

fetischisten, sind, sobald wir Genaueres über das so zahlreiche Volk erfahren wollen, auf grobe Schätzungen angewiesen. Es gibt Gründe für diese Ungenauigkeit. Ob hierzulande oder in Litauen, in Tschechien und der Slowakei, allerorts in Europa wagen es viele Roma und Sinti überhaupt nicht, sich kenntlich zu machen. Ihre Erfahrung weiß von Verletzungen, die ihnen und ihren Familien zugefügt wurden, als sie kenntlich, das heißt registriert waren.

Ihre Sprache, Romani, ist nur ansatzweise verschriftlicht. Auch für diese Zurückhaltung gibt es Gründe: die bloße mündliche Überlieferung der Muttersprache erleichtert das Überleben in einer anhaltend feindlichen Umwelt. Wer schriftlich nicht zu erfassen ist, der entzieht sich leichter seinen Verfolgern.

In allen Ländern der Europäischen Union sind die Angehörigen dieser Minderheit einerseits anwesend, andererseits wie nicht vorhanden. Wenig bis nichts geschieht, was ihre Bedürfnisse und Rechte als Bürger der jeweiligen Staaten sichern könnte. Viele von ihnen sind Flüchtlinge, Staatenlose, die nach Belieben abgeschoben werden, dorthin, wo sie nicht geduldet sind und abermals abgeschoben werden. Sie sind der blinde Fleck im Bewußtsein Europas. Zwar belächelt man sie und ihre Eigenart, will sie aber dennoch samt ihrer besonderen Existenz nicht wahrhaben. Hilfe wird ihnen allenfalls aus kleinem Mitleid als Almosen zuteil. Sie sind uns lästig. Sie sind das Fremde an sich.

Sie, die Roma, in ihrem permanenten Zustand der Zerstreuung, sind – genau gesehen – Europäer in jenem Sinn, den wir, gefangen in der nationalen Enge, vor Augen haben sollten, wenn sich das vereinte Europa nicht zu einem bürokratisierten Verwaltungs- und übermächtigen Wirtschaftskoloß entwickeln soll. Zumindest dieses eine, ihre grenzüberschreitende Mobilität, haben uns die sogenannten Zigeuner voraus. Sie sollten sich zuallererst durch einen Europapaß ausweisen dürfen, der ihnen von Rumänien bis Portugal das Bleiberecht garantiert.

Als geborene Europäer sind sie aus jahrhundertealter Erfahrung in der Lage, uns zu lehren, Grenzen zu überschreiten, mehr noch, die Grenzen in uns und um uns aufzuheben und ein nicht nur in Sonntagsreden behauptetes, sondern erwiesen grenzenloses Europa zu schaffen.

Günter Grass

Dieser Text besteht aus Passagen der Rede „Wie ich zum Stifter wurde" zur Gründung der „Stiftung zugunsten des Romavolkes" in Lübeck, gehalten am 28.9.1997, sowie der Rede „Zukunftsmusik oder Der Mehlwurm spricht", gehalten am 19.10.2000 auf Einladung der Europäischen Investitionsbank in Bremen. Sie sind vollständig erschienen in dem Band „Ohne Stimme. Reden zugunsten des Volkes der Roma und Sinti", Göttingen 2000.

Die Romareisen

[*Le romané phirimàta*]

ZWISCHEN 2000 UND 2006 reisten wir in sieben verschiedene Länder, um uns einen Einblick in das Leben und die Situation der Roma zu verschaffen. Wir versuchten immer, längere Zeit mit den Menschen zu verbringen, über die wir etwas lernen wollten, und wenn möglich eine Zeitlang bei ihnen zu leben.

Es war unser eigenes Interesse, das uns zunächst in die Romastraßen von Hevesaranyos im nordöstlichen Ungarn führte, wo wir vier Monate bei Magda Karolyné, einer älteren Romafrau, verbrachten. Die weiteren Reisen nach Rumänien, Indien und die Reisen in Finnland kamen durch persönliche Kontakte zustande, in Griechenland und Rußland halfen uns zunächst auch Menschenrechtsorganisationen und in Frankreich das Centre de recherches tsiganes in Paris.

Die Romareisen waren keineswegs minutiös organisiert, sondern oft Resultat vieler Zufälle, die es uns ermöglichten, mit den Roma in Kontakt zu kommen. Wir strebten an, mit den Menschen direkt kommunizieren zu können. Dies war in den meisten Ländern möglich, doch in Rußland und Indien reisten wir überwiegend in Begleitung und hatten so bereitwillige Kommunikationshilfe.

Oft sind wir gefragt worden, was uns bewogen habe, uns für die Roma zu interessieren, doch wir konnten keine eindeutige und umfassende Antwort geben. Sicher ist, daß wir so einfach nicht wieder abschließen konnten, was einmal begonnen war. Je mehr wir über die Roma erfuhren und sie kennenlernten, desto größer wurden unser Interesse und die Sympathie für sie.

Das Buch ist den Ländern entsprechend in sieben Kapitel unterteilt, deren Reihenfolge ungefähr der Chronologie unserer Reisen entspricht. Jedes Kapitel wird durch einen Text eingeleitet, der einen Einblick in das Leben und den geschichtlichen Hintergrund der Roma im jeweiligen Land geben soll.

Wir möchten uns von ganzem Herzen bei allen Menschen bedanken, denen wir im Laufe der sieben Jahre begegnet sind, den vielen Roma, die uns ihr Zuhause geöffnet und uns unvoreingenommen und offenherzig aufgenommen haben. Wir sind auch den Menschen, die uns mit wertvollen Hinweisen, Kontakten und großzügiger Unterstützung halfen und dadurch die Arbeit ermöglichten, zu großem Dank verpflichtet. Hätten sich nicht all diese Menschen Zeit für uns genommen, wäre dieses Buch nie zustande gekommen.

Cia Rinne und Joakim Eskildsen im November 2006

Ungarn *Ungària

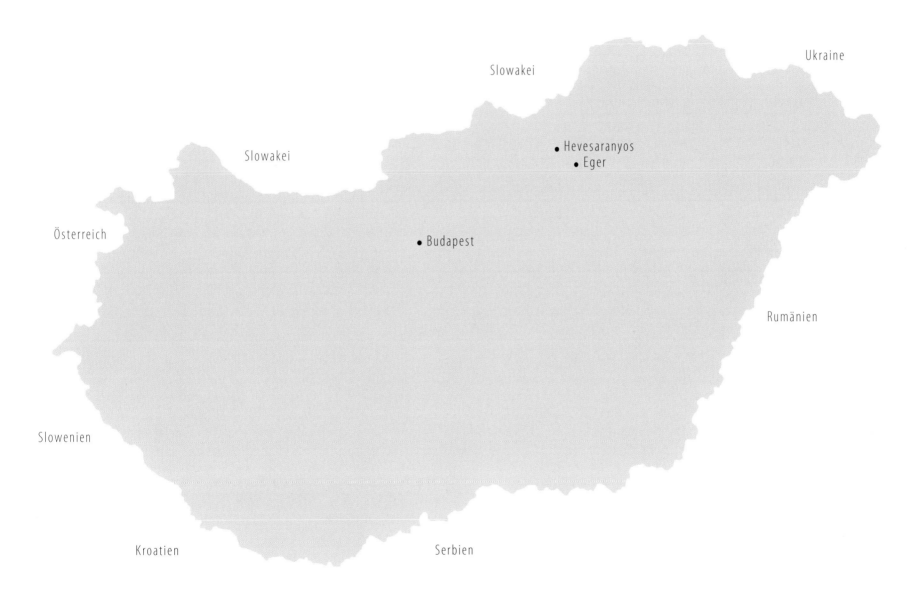

Ukraine

Slowakei

Slowakei

Österreich

● Hevesaranyos
● Eger

● Budapest

Rumänien

Slowenien

Kroatien

Serbien

Viola út

HEVESARANYOS, EIN DORF im nordöstlichen Ungarn, bestand aus einer Sackgasse. Der Bus, der zwischen Eger und Hevesaranyos pendelte, schlängelte sich geduldig durch die Hügellandschaft, bis die Straße in das Dorf mündete und kein anderer Ausweg mehr blieb als jener zurück. An der letzten Haltestelle vor Hevesaranyos, noch bevor der Bus das Dorf erreicht hatte, führte eine Straße quer übers Feld in eine kleine am Hang gelegene Siedlung. Hier stiegen die Roma aus.

Ibolya út, die Veilchenstraße, schien mit ihren vielfarbigen Häusern den Hügel ganz hinaufklettern zu wollen. Kleine hölzerne Brücken bogen sich über die langen Gräben zwischen Straße und Höfen, die von bemalten Eisenzäunen mit Blumendekor umgeben waren. Kinder warfen sich einen Ball zu, der ihnen immer wieder die Straße hinunterrollte. Vicok, ein wettergegerbter Mann mit spitzem Hut und Zigarette im Mundwinkel, schob sein Fahrrad mit Eimer am Lenker die Straße hinauf, Géza Barkóczi fütterte im Hof seines Hauses die Schweine. Auf einem Mauervorsprung saßen drei ältere Frauen und plauderten. Kökény Gézáné, Barkóczi Sándorné und Oláh Ottóné hatten von ihrem strategisch günstigen Ort das Geschehen auf der Ibolya út ganz unter Kontrolle. Vom oberen Ende der Ibolya út streckte sich die *Viola út*, die Levkojenstraße, wie ein Arm in den Hügel aus. Hier hörte die geteerte Straße auf, die Häuser waren kleiner, älter und – anders als die robusten Ziegelbauten in der Veilchenstraße – aus Lehm. Zudem lagen sie, da an den Hang gesetzt, nur auf einer Seite des Wegs. Auf der anderen sah man hinab auf die Ibolya út und deren Hinterhöfe.

Hier, in einem kleinen weißgekalkten Haus auf der Viola út, lebte Magda Karolyné. Sie saß, die Arme auf die Knie gestützt, auf dem roten Sofa in ihrer Küche und seufzte: „*Mit főzünk ma?* Was kochen wir heute?" So lautete die Frage, die sie sich jeden Tag stellte, bevor sie sich eine Schürze umband und sich ans Zwiebel- und Knoblauchschälen machte. Die Schalen ließ sie auf den Boden fallen, um sie später einfach mit dem Besen auf den Hof zu kehren. Magda hatte krauses schwarzes Haar, einen runden Bauch, zwei goldene Ohrgehänge und Ringe, die schön aussahen auf ihren vom Alter gezeichneten braunen Händen. *Maami*, wie die Großmutter auf Romani von ihrer Familie genannt wurde, war mit ihren fünf Geschwistern bei der kranken Mutter aufgewachsen. Ihr Vater war schon früh gestorben. Zunächst hatten sie in winzigen Häusern unten im Dorf gelebt, doch nach dem Krieg waren sie hinauf in die beiden Straßen gezogen, in denen nur Roma wohnten.

Den Roma von Hevesaranyos, so erzählte Magda, war 1946 ein Gebiet zugewiesen worden, das in verschiedene Grundstücke aufgeteilt wurde. Die Ungarn wollten die Zigeuner nicht in ihrer unmittelbaren Nähe haben und entschieden sich für eine Ausquartierung an den Hügel. Magdas Eltern hatten das Land bewirtschaftet und nach 1949 auf einem Kolchos im Wald gearbeitet. Sie selbst hatte hier geheiratet und Kinder bekommen; seit dem Tod ihres Mannes Károly lebte sie nun allein im Haus. Magda willigte ein, uns zu beherbergen, und so kamen wir im Laufe eines Jahres immer wieder zurück in das Haus in der Viola út, um einige Monate in den Romastraßen von Hevesaranyos zu verbringen. Jeden Vormittag bereitete Maami einen großen Kessel *leves*, Suppe, zu, der dann den Rest des Tages für ihre Enkel und Urenkel bereitstand, die beinahe täglich in ihrer Küche vorbeikamen. Istvánka wohnte mit seinen Eltern am Ende der Viola út, Zsuzsanna und Ilonka im Dorf, auf der *paraszt sor*, der „Bauernlinie", wie Zsuzsanna die *Alkotmány utca* (Verfassungsstraße) nannte, denn, wie sie sagte, „dort leben Bauern". Zsuzsanna und ihre Familie waren mit einigen anderen die einzigen Roma in der Alkotmány utca. Den Nicht-Roma schien es ein Bedürfnis zu sein, auf den guten Zustand ihrer einförmigen Vorgärten hinzuweisen. Auf Schildern an den Zäunen hing immer wieder dieselbe Botschaft: „*Tiszta udvar, rendes ház*". Sauberer Hof, ordentliches Haus.

Die Roma von Hevesaranyos waren *Romungros*, die ungefähr zwei Drittel der Roma Ungarns ausmachen und als Muttersprache hauptsächlich Ungarisch sprechen. Die Romungros oder *Ungrika Roma* sind traditionell vor allem Korbflechter und Musiker. Unter den Roma in Ungarn sind auch *Oláh cigányok* (ungarisch für die Vlach Roma, die rumänischen Roma) zu finden, die nach der Abschaffung der Leibeigenschaft in der zweiten Hälfte des 19. Jahrhunderts aus der Moldau und der Walachei im heutigen Rumänien kamen. Sie waren vor allem als Siebmacher, Metallarbeiter, Hausierer oder Pferdehändler tätig und lebten noch bis in die fünfziger Jahre nomadisch. Die übrigen Gruppen umfassen unter anderem die *Bojasch*, Rumänisch und Ungarisch sprechende Roma, die traditionell Holzwaren herstellen oder Ziegel brennen, slowakische und slowenische Roma sowie einige Sinti.

Die ersten Roma wurden gegen Ende des Mittelalters im Ungarn erwähnt, das aus dem Gebiet des heutigen Ungarn, aus Siebenbürgen, der Karpato-Ukraine, der Slowakei und Teilen Kroatiens bestand. Unter Sigismund, dem König von Ungarn und des Heiligen Römischen Reiches, strömten zahlreiche Roma nach Ungarn. Sigismund hatte dem Rom Ladislaus und seinem Gefolge genehmigt, in Ungarn zu reisen, woraufhin mehrere Roma ihnen folgten. Sie siedelten sich in der Nähe von Schlössern und Dörfern an, wo sie Waffen und Kanonenkugeln schmiedeten, in der Armee dienten oder Musik spielten. Da die Roma längere Zeit im Osmanischen Reich verbracht hatten, wurde vermutet, daß sie wichtige militärische Informationen über die Türken haben könnten. Ihre Dienste durften nur mit Genehmigung des Königs in Anspruch genommen werden. Diese anfänglich positive Phase dauerte nicht lange an. Schon im 16. Jahrhundert, nachdem Ungarn von den Osmanen besetzt und zu einer osmanischen Provinz geworden war, glaubte man, die Roma seien Spione der Türken. Sie wurden schrittweise von der ungarischen Bevölkerung separiert und gezwungen, am Stadt- oder Dorfrand zu wohnen. Im 17. Jahrhundert wurden dann auch romafeindliche Gesetze erlassen. Unter dem österreichischen König Leopold I. wurde an öffentlichen Plätzen auf Bilder-„Tafeln" anschaulich davor gewarnt, was mit Roma geschehe, die ins Habsburgerreich kamen. Unter Karl VI. sollten schließlich alle Roma registriert werden. Wer sich weigerte, wurde getötet.

Mit der Herrschaft Maria Theresias und später ihres Sohnes Joseph II. wurden zahlreiche restriktive Verordnungen erlassen, die darauf hinausliefen, die Roma – nun „Neubürger" oder „Neu-Ungarn" genannt – völlig zu assimilieren und seßhaft zu machen. Der Besitz von Pferden wurde untersagt, die Bewegungsfreiheit eingeschränkt. Die Roma sollten sich Häuser bauen, das Land bewirtschaften, Militärdienst leisten und ein Handwerk erlernen. In Kleidung, Sprache und Gewerbe hatten sie sich den Dorfbewohnern anzupassen. Bei Verstoß gegen die Vorschriften, wie der Verwendung des Romani, drohte ihnen die Auspeitschung. Den Roma wurde die Eheschließung nach ihrem Volksrecht untersagt, und Nicht-Roma zu heiraten war ihnen nur mit einer Heiratserlaubnis gestattet, die mitunter eine „anständige Lebensweise" und den katholischen Glauben voraussetzte. Kinder über fünf Jahre sollten von ihren leiblichen Eltern getrennt und weit entfernt von ihnen erzogen werden. Weder die Roma noch die Offiziere und Arbeitgeber waren von diesen Reformen sonderlich begeistert. Die Kinder flohen bald wieder zurück zu ihren Eltern, es wurde weiterhin den eigenen Zeremonien gemäß geheiratet, und die Roma zogen in Regionen, in denen die Regelungen weniger streng waren. Kurz vor seinem Tod mußte Joseph II. einige seiner heftig kritisierten Reformen wieder zurücknehmen. Viele Roma nahmen daraufhin das nomadische Leben wieder auf.

Nach dem Vertrag von Trianon 1920, durch welchen Ungarn den größten Teil seines Gebiets und seiner Einwohner verlor, machte sich eine Magyarisierungspolitik geltend, der selbst solche Initiativen wie die Gründung einer Roma-Schule 1935 und die formelle Gewährung gleicher Rechte für alle kaum Einhalt gebot. Wirklich gleich war man nur, wenn man den ungarischen Lebensstil akzeptierte. Über 30 000 Roma wurden nach der deutschen Besetzung 1944 deportiert, die meisten von ihnen nach Auschwitz. Nach dem Krieg erhielten die Roma auf dem Papier gleiche Rechte und Pflichten, doch die massiven Vorurteile der ungarischen Mehrheitsbevölkerung verhinderten oft deren Realisierung.

Auf Maamis Hof, ihr gegenüber, wohnte ihr Sohn Jóska. Er hatte ein Narbengesicht und Tätowierungen auf dem Oberkörper. Kati, seine Frau, saß oft auf dem Hof und knetete den Teig für *bodak* oder *vacaro*, das Fladenbrot der Roma, das sie direkt auf der gußeisernen Herdplatte buk. Wie die anderen Roma von Hevesaranyos packte Kati immer die Gelegenheit beim Schopf, wenn die Natur ihre Gaben hervorbrachte: Mal sammelte sie Pilze und kochte für die ganze Familie Pasta mit Pilzsoße, mal ging sie Schlehen vom Gestrüpp rütteln. Jóska war zusammen mit Vicok und einem anderen Mann bei der Gemeinde angestellt. Er rollte frühmorgens mit seinem Fahrrad die Ibolya út hinunter, um an den Straßengräben von Hevesaranyos Ausbesserungsarbeiten vorzunehmen, und kam einige Stunden später wieder nach Hause.

Die Häuser wurden im Winter mit Holz geheizt, das aus dem Wald geholt wurde. Für jeden Kaffee mußten Holzscheite in kleine Stücke gespalten werden. Maami warf sofort ein lautes „*Eleg!* Genug!" ein, wenn man im Begriff war, mehr Holz zu hacken, als sie für notwendig hielt, und so gelang es nie, einen größeren Vorrat an Ofenholz anzulegen. In den Romastraßen gab es kein fließend Wasser. Es mußte täglich von der Pumpe auf dem leeren Grundstück in der Viola út in Plastikeimer gepumpt und nach Hause getragen werden. In Maamis Haus befand sich der Wassereimer auf einem mit einer bestickten Decke überworfenen Schemel in der Tür zu ihrer Schlafkammer. Daneben stand ein Glas, mit dem hin und wieder von Maami und ihren Besuchern Wasser zum Durstlöschen geschöpft wurde. In der Kammer, genauso eng und lang wie die Küche, standen zwei Betten; Maamis am Fenster, ein anderes für Gäste an der Wand.

Darüber hing ein hübsches, wildes Sammelsurium von religiösen Bildern und Familienporträts, unter anderem von Maamis Tochter Zsuzsi, die Berci, einen Nicht-Rom geheiratet hatte und in einem Dorf nicht weit von Hevesaranyos lebte. Zsuzsi hatte anfangs Schwierigkeiten gehabt, von Bercis Familie akzeptiert zu werden. Besonders Bercis Geschwister hatten ihm übelgenommen, daß er eine Zigeunerin heiratete, und sprachen deshalb zehn Jahre lang nicht mit ihm. Zsuzsi hatte die Vorurteile der Familie ertragen müssen, bis diese sie nicht mehr als Zigeunerin, sondern als Zsuzsi sah. Nun war sie die einzige, die sich um Bercis Eltern kümmerte.

An der anderen Wand waren zwei Schränke etwas schief nebeneinandergestellt. In ihnen wurden Bettwäsche, Kleidung und einige Lebensmittel aufbewahrt. In der Vitrine des einen stand eine kleine Vase mit Stoffblumen, daneben lag ein Bündel wichtiger Dokumente. Wollte man an den Schrank, mußte erst der Sessel davor aus dem Weg geräumt werden. Am Boden überlappten sich drei unterschiedlich rote Teppiche, und auf dem Fernsehapparat in der Ecke saß eine Kinderpuppe zusammen mit zwei Marienfiguren; daneben lag eine Palette Eier für Ostern.

Das Haus zeugte von einer unglaublichen Improvisationsfähigkeit. Mehrmals im Laufe des Jahres wurde umgeräumt, Möbel wurden mit Nachbarn getauscht, und im Sommer wurde der Ofen einfach auf den Hof gestellt. Als hätten wir die Kapazitäten ihrer bescheidenen Behausung nicht schon überstrapaziert, bekam Maami zu Ostern noch Besuch von einer jungen Familie, die auch noch in ihrer Kammer unterkam.

Károly, Maamis Enkel, seine Frau Erszébet und deren kleine Tochter Emese kamen mit dem Bus, der eines Vormittags eine ganze Ladung Verwandter und Gäste mitbrachte. Erszébet stillte ihre Tochter, während sie die Ibolya út hinaufliefen, und nach und nach verschwanden die Leute in verschiedene Höfe und Häuser. Am Abend besuchten wir Károlys Bruder István, der mit Anita und ihrem vierjährigen Sohn Istvánka im letzten Haus an der Viola út wohnte. Das Haus bestand, genau wie Maamis, aus zwei Räumen, der Küche und einem Schlafzimmer, beide spärlich mit abgenutzten Möbeln eingerichtet. Ein Teil der Küchendecke hing als Gewirr von Tapete, Lehm und Stroh in den Raum herab. István war ständig damit beschäftigt, Dinge zu reparieren. Das Haus war in einem bedauerlichen Zustand, doch selbst für einfache Ausbesserungen fehlten István und Anita die Mittel.

Der kleine Istvánka hatte der ungarischen Tradition gemäß seinen Namen nach seinem Vater erhalten. Mit abstehenden Ohren und wildem Haar saß er mitten auf dem Bett und verzehrte genüßlich die Schokoladeneier, die er während des Tages bekommen hatte. Aus der Stereoanlage, deren Kabel lose aus der Steckdose baumelten, tönte die Musik der Roma-Rap-Gruppe *Fekete Vonat*, deren Name soviel bedeutet wie „der schwarze Zug". So wurden die Pendlerzüge genannt, mit denen die Roma zur Zeit des Kommunismus aus den Dörfern zur Arbeit fuhren. Anita arbeitete die Nachtschicht in einer Fabrik und kam oft völlig erschöpft nach Hause. So hatte auch ihre Mutter, Bárkoczi Sándorné, die Familie versorgt, als Anita und ihre Brüder klein waren. Ihr Vater war gestorben, als Anita zehn Jahre alt war. „Meine Mutter arbeitete in drei Schichten und war kaum noch zu Hause", erzählte sie. „Das war hart für uns alle, aber wir hatten alles, was wir brauchten."

István hatte keine Arbeit. Seitdem er seine Stelle als Möbelrestaurator verloren hatte, waren all seine Bewerbungen um eine neue Anstellung ergebnislos geblieben. Der Rassismus war nach dem Zusammenbruch des Kommunismus deutlicher zum Vorschein getreten. Zahlreiche Roma hatten ihre Arbeit verloren, doch kaum jemand wollte sie wieder anstellen. So arbeiteten viele der Roma von Hevesaranyos in saisonabhängigen Gewerben, zum Beispiel in der Landwirtschaft, wo sie für die Kartoffelernte angeheuert wurden. Einmal hatte sich István große Hoffnungen auf eine Stelle gemacht. Mit einem Zettel in der Hand kam er zu Maami, um von ihrem Telefon aus den Arbeitgeber anzurufen. „Negativ", sagte er, als er auflegte, „wieder."

Eines Tages regnete es. Alle Leute waren hinauf in die Hügel gegangen, um Weinbergschnecken zu sammeln, die sie in Plastiktüten am letzten Haus an der Ibolya út ablieferten. Hier wurden sie gewogen, in Kisten geladen und die Kilogrammzahlen in einem kleinen Büchlein verzeichnet. Später würde ein Mann mit den Schnecken nach Budapest fahren, von wo aus sie nach Frankreich transportiert würden. In den Kisten, in denen die Schnecken übereinanderkrochen und ihre Gehäuse gegeneinanderstoßen ließen, schmatzte und klackte es.

Maami hatte ein Feuer im Ofen angezündet und Teewasser aufgesetzt. Ilona, ihre Tochter, kam mit Zsuzsanna vorbei. Ilona hatte dreißig Kilo Weinbergschnecken gesammelt und war zufrieden. So saßen sie zusammen in Maamis Küche, tranken Tee und rieben sich am Ofen die vom Regen kalten Hände wieder warm.

Am Abend saß Maami in ihrem Bett, sah zum Fenster auf die Viola út und in das Dunkelblau des Himmels hinaus. Sie betete. „*Isten, adja egészség, kenyér*, Gott, gib Gesundheit, Brot", flüsterte sie, die Hände gefaltet, während im Fernsehapparat ein schwarzweißes Bild flimmerte. „Amen." Dann legte sie sich hin und schlief ein, während sich im Fernseher noch bis tief in die Nacht hinein ungarisch synchronisierte Filme abwechselten, bis nur noch das Rauschen auf dem Bildschirm zu sehen war.

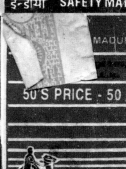

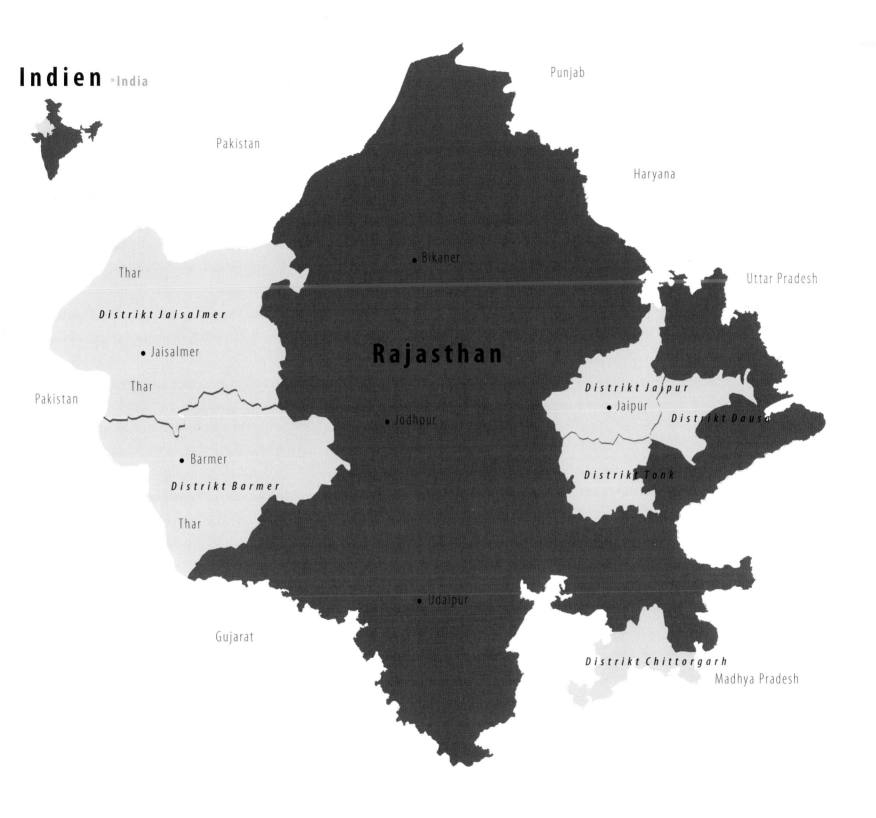

Indien *India

Pakistan

Punjab

Haryana

Uttar Pradesh

Thar

Distrikt Jaisalmer

● Bikaner

Jaisalmer ●

Rajasthan

Distrikt Jaipur

● Jaipur

Distrikt Dausa

Thar

Pakistan

Jodhpur ●

Distrikt Tonk

Barmer ●

Distrikt Barmer

Thar

Udaipur ●

Gujarat

Distrikt Chittorgarh

Madhya Pradesh

Hamari jati

SEWA SINGH NAT bereitete sich darauf vor, auf das Seil zu klettern, das zwischen die Bambuslatten gespannt war, die mit weiteren Seilen im Erdboden verankert waren. Während sein kleiner Bruder namens Dank etwas gelangweilt drauflostrommelte, zog Sewa sich mit gewandten Griffen an einer der Bambuslatten auf vier Meter Höhe hinauf, um sich von dort oben aus auf den Weg hinüber zur anderen Seite zu machen. Das Dutzend Zuschauer, das sich an diesem Nachmittag im *Chokhi Dhani Resort* unter dem Seil der *Nat*-Akrobaten versammelt hatte, legte die Köpfe in den Nacken und folgte dem schwankenden Treiben. An der anderen Seite angekommen, machte sich Sewa daran, mit drei Wassergefäßen zurück über das Seil zu gleiten. Zwei davon hielt er auf seinen Händen, eins hatte er sich über die Knie gestülpt, und so schob er sich nur mit der Kraft seiner Zehen Stück für Stück voran. Anschließend schlüpfte Bais, ein weiterer Bruder, in eine Hose mit ungefähr drei Meter langen Beinen, zog sich an einem der Seile in aufrechte Stellung und stakste dann, als sei das die leichteste Sache der Welt, auf dünnen Stelzen auf der Wiese herum. Becan, der als Jüngster in der Geschwisterschar für solche Abenteuer noch zu klein war, saß mit seinem schwarz aufgemalten Schnurrbart auf einem Plastikstuhl, ließ seine kurzen Beinchen baumeln und sah als einziger nicht hin.

Die Nats, deren Name auf *nata* (Sanskrit für „Tänzer") zurückgeht, sind eine Kaste professioneller Akrobaten, die seit Urzeiten in Indien ihre waghalsigen Künste zum Amüsement der Dorfbewohner und zum Gelingen der Ernte vorführen. Eine Legende berichtet, daß einst Seiltänzer dafür engagiert wurden, steile Abhänge auf einem hölzernen Sattel sitzend an einem Seil hinabzurutschen. Dadurch wollte man den Zorn der Götter beschwichtigen, die man für Dürren und unfruchtbaren Boden verantwortlich machte. Oft erreichte der pro Meter bezahlte *Badi* so hohe Geschwindigkeiten, daß es um den Sattel zu rauchen begann. Riß das Seil, konnte der Akrobat ums Leben kommen.

Zu Beginn des 14. Jahrhunderts berichtete Nikephorus Gregoras von „ägyptischen Akrobaten", die in Konstantinopel auftraten. Sie befestigten zwei, drei Segelmasten mit Seilen in aufrechter Stellung am Boden, damit sie nicht zur einen oder anderen Seite kippten. Auf dem Seil, das sie dazwischen spannten, balancierten sie dann mit geschlossenen Augen, schwangen sich mit den Beinen um es herum oder trugen auf ihren Köpfen lange Stangen mit Wassergefäßen hinüber. Die akrobatischen Künste waren so gefährlich, daß des öfteren einer von ihnen verunglückte. Als sie ihr Land verließen, so hieß es, seien sie um die vierzig Mann gewesen. Nun waren nur noch zwanzig übrig.

Der Historiker Soulis geht davon aus, daß mit diesen Akrobaten die Roma gemeint sind, die zur Zeit der Herrschaft des Andronikos II. (1282-1328) in Konstantinopel auftauchten. Schon seit dem 8. Jahrhundert war in Byzanz von *Athingani* die Rede, griechisch für „diejenigen, die andere nicht berühren und nicht von anderen berührt werden wollen"; eine Bezeichnung, die die indischen Neuankömmlinge wahrscheinlich aufgrund ihrer strengen Reinheitsregeln erhielten, die oft aber auch auf eine Verwechslung mit Mitgliedern der häretischen Sekte der Athingani zurückgeführt wird. Die Erwähnungen von *Aigupti*, *Athingani*, *Katsiveli*, *Lori* und all die anderen Bezeichnungen für die Roma im Byzantinischen Reich zeugen von Schustern und Schmieden, Korbflechtern und Siebherstellern, Wahrsagern und Akrobaten, Schlangenbeschwörern, Magiern und Naturheilern. Die hagiographische Schrift *Das Leben des heiligen Georg von Athos* berichtet von *Adsincani* (die georgische Form für „Athingani"), die von Kaiser Konstantin Monomachos um 1054 nach Konstantinopel gerufen worden waren, um in seinem Park die Raubtiere zu erlegen, die das Jagdwild fraßen. Der Kanonist Theodor Balsamon schreibt im 12. Jahrhundert von Athingani, die Schlangen um die Brust trugen und Leuten die Zukunft voraussagten.

Daß die Roma ursprünglich aus Indien stammten, steht seit den sprachwissenschaftlichen Vergleichen des Romani mit modernen indischen Sprachen außer Zweifel. Gewisse Eigentümlichkeiten des Romani weisen ferner darauf hin, daß die Roma sich auf ihrem Weg nach Europa längere Zeit in Persien und in

Armenien aufgehalten haben müssen. Wie sie jedoch aus Indien nach Byzanz gelangten, wann dies geschah und zu welcher Gesellschaftsschicht die Vorfahren der Roma gehörten, ist nicht bekannt. Es existieren kaum schriftliche Dokumente, die diese Fragen beantworten könnten, hingegen gibt es verschiedene Theorien, die versuchen, der frühen Geschichte der Roma auf die Spur zu kommen.

Zwischen Nordindien und Persien herrschte schon immer reger Verkehr, doch besonders die Eroberung Nordwestindiens durch Ardaschir I. (224-241) begünstigte die Emigration von Bauern, Händlern, Soldaten, Musikern und Schreibern, die die Suche nach einem besseren Leben nach Persien führte. Zahlreiche *Zott* – so wurden Inder auf arabisch genannt – standen seit dem 7. Jahrhundert im Dienst des persischen Hofes. Diese Zott siedelten sich im Zuge der arabischen Expansion in Basra an, um Arbeit bei den neuen arabischen Herrschern zu finden, wurden jedoch, da sie als ehemalige Gefolgsleute des Schahs als unzuverlässig galten, wieder vertrieben. Möglicherweise waren die Vorfahren der Roma schon unter jenen Tausenden von Zott-Familien, die zwischen 669 und 720 in Antiochia nahe der Mittelmeerküste angesiedelt wurden. Mit der Eroberung Antiochias durch die Byzantiner wären diese Menschen Untertanen von Byzanz geworden, und bis Europa wäre es kein weiter Weg mehr gewesen. Doch um wirklich Vorfahren der Roma sein zu können, hätten sie auf diesem Weg eine längere Zeit in einer Armenisch sprechenden Umgebung verbringen müssen. Ein Aufenthalt in der armenischen Kolonie Kilikien nordöstlich von Antiochia im Süden der heutigen Türkei hätte vermutlich nicht ausgereicht, um sprachlich so manifest auf das Romani einzuwirken.

Vielleicht waren die Vorfahren der Roma auch jene Zott, die von den Arabern als Bauern auf dem Sumpfland zwischen Euphrat und Tigris angesiedelt wurden. Als sie sich jedoch als zu mächtig erwiesen und gegen das Kalifat von Bagdad rebellierten, wurden sie zwischen 820 und 834 niedergeworfen und ein weiteres Mal umgesiedelt. Diesmal gerieten sie nach Bagdad, bevor ein kleiner Teil der Gefangenen in Khanikin nordöstlich von Bagdad und ein größerer Teil in Ain Zarba an der Grenze zum Byzantinischen Reich angesiedelt wurde.

Die Zott von Ain Zarba, das hielt der Historiker Tabari fest, wurden 855 von den Byzantinern unterworfen und nach Byzanz gebracht. Doch ob dies die Vorfahren der Roma waren, ist fraglich. Der Dialekt, den die Roma der Gegenwart dann sprechen müßten, ist heute nur in Syrien und im Irak zu finden. Dagegen könnten die Khanikiner Zott über Armenien nach Europa gereist sein.

Einigen Theorien zufolge könnten die Roma auch Nachkommen der Gefangenen des Mahmud von Ghazni sein, der in seinem Bestreben, die Hindus zum Islam zu bekehren, zwischen 1001 und 1026 zahlreiche Raubzüge in Nordindien unternahm. Doch gibt es schon im selben Jahrhundert Berichte über Roma in Byzanz, und selbst wenn man annimmt, daß sie erst 200 Jahre später in Byzanz eintrafen, scheint es nicht plausibel, daß sie diese Strecke in so kurzer Zeit zurückgelegt hätten und dabei mit einer Sprache nach Europa kamen, die deutliche Spuren längerer Aufenthalte in Persien und Armenien aufweist.

Da das Romani sich nicht eindeutig auf eine einzige Sprache zurückführen läßt, geht man davon aus, daß es sich aus verschiedenen indischen Sprachen zusammensetzt. Man kann daher annehmen, daß unter den Vorfahren der Roma verschiedene Kasten und Berufsgruppen vertreten waren, die – durch die häufigen Dürren und Hungersnöte im nordwestlichen Indien getrieben – gemeinsam emigrierten, als sich neue Arbeitsmöglichkeiten ergaben. Vermutlich waren Schmiede und Kesselflicker den Armeen oder Handelskarawanen nützlich, ebenso Händler, die Lasttiere besorgen konnten, Schlangenbeschwörer, deren lebensrettende Aufgabe es vor allem war, Schlangenbisse und andere Krankheiten zu kurieren, sowie Musiker und Akrobaten, die für Unterhaltung sorgten. Noch heute leben in Indien verschiedene Gruppen, die diese Berufe ausüben: die Nats (Akrobaten), die *Gadulija Lohare* (wandernde Schmiede), die *Banjara* (wandernde Händler), die *Sapera* (Schlangenbeschwörer), die *Manganiare* (Musiker), die *Bhat* (Puppenspieler und Genealogen), die mit den Sapera eng verwandten *Mewari Kalbelia* oder *Kharti Jogi* (wörtlich die „Mehl-Jogis", Hersteller von Mühlsteinen und Korbflechter), die *Madari* (muslimische Akrobaten) sowie die *Kanjars* und

Sansis (traditionell Genealogen, Seilflechter, Händler und Musiker). Diese Gruppen werden auf die große *Dom*-Gruppe zurückgeführt.

Die Dom (auch *Doma* oder *Domba*, wahrscheinlich von Sanskrit *damara* für „Trommel") sind vor allem als Musiker bekannt und höchstwahrscheinlich altindischen Ursprungs. Da ihr Name im modernen Indien jedoch einen negativen Beiklang bekommen hat, möchte niemand mehr so genannt werden. Einer Theorie nach könnte die Bezeichnung „Dom", die mit leicht aufgerollter Zunge ausgesprochen wird, in Armenien zu *Lom* und in Europa zu *Rom* umgewandelt worden sein. So ist es nicht ausgeschlossen, daß diejenigen Roma, die heute als Musiker, Korbflechter oder Schmiede tätig sind, noch das Handwerk ihrer indischen Vorfahren ausüben.

★

BAILA LOHAR HATTE SICH mit ihren beiden Kindern, Maiti und Dilkas, in den Schatten der großen Bäume vor der Schule in Khurra zurückgezogen, um Schutz vor der erbarmungslosen Mittagssonne zu suchen. Die beiden Alten, Kamla und Rampur Narendar, machten sich an der kleinen Feuerstelle sitzend daran, Metallgegenstände zu schmieden. Mit einem altertümlichen Blasebalg bediente Kamla das Feuer, mit dessen Hilfe Rampur *sandasi* (Zangen), *rasgula* (Metallkratzer) und sichelförmige Messer fertigte. Letztere waren, zwischen beide Füße geklemmt, dazu da, Gemüse aufzuschneiden, ohne daß es den Boden berührte. Die kleine Schmiede-Gruppe war vor kurzem in diesem vorwiegend von bäuerlichen Minas bewohnten Dorf in Rajasthan eingetroffen, hatte die Ochsen von ihren Jochen befreit, Pritschen, Decken und die rostige Werkzeugkiste von den beiden Wagen gehoben und sich für die nächsten Tage auf der stillen Kreuzung zwischen Ram Klaris Teestand, der Schule und dem seltsam verlassen wirkenden Krankenhaus niedergelassen. Sie kamen aus der Nähe von Dausa, wo Rampur zufolge um die hundert Lohar-Familien in einer Siedlung lebten. Bailas Mann und dessen Bruder waren schon im Dorf unterwegs; auch Baila würde in den nächsten Tagen die Eisenwaren den

Minas von Khurra anbieten. Gegen Abend kehrten alle wieder zurück unter die Bäume vor der Schule, um gemeinsam die Mahlzeit des Tages zu sich zu nehmen. Die Kinder verbrachten die Nacht auf dem Wagen, die Erwachsenen schliefen mit ihren Kleinsten auf den Pritschen oder unter den Jochbalken, über die sie Decken warfen.

Die wandernden Schmiede, die Gadulija Lohare (von *lauhaka_ra*, Sanskrit, wörtlich „Eisen-Arbeiter"), stellen die größte Gruppe von Nomaden in Rajasthan dar. In Indien werden Nomaden von den Seßhaften auch *Khanabadosh* genannt, das heißt jene, „die ihr Haus auf den Schultern tragen". Tatsächlich ist *gadulija*, der Wagen, mit dem die Familiengemeinschaften von Dorf zu Dorf ziehen, oft ihr einziges Zuhause. Ihr altertümliches Handwerk, mit dem sie auch weit abgelegene Gegenden Nordindiens mit Eisenwaren versorgen, hat im Zuge der Industrialisierung immer mehr an Nachfrage verloren. Einige Lohare hat es deshalb in der Hoffnung auf bessere Arbeitsbedingungen in die größeren Städte getrieben, wo sie in schnell errichteten Baracken leben. „In den Dörfern gibt es keine Arbeit mehr", bestätigte Kamla Lohar. Sie saß auf der Bordsteinkante der vielbefahrenen Jaipurer Tonk Road, die aus dem Zentrum in die Vororte führt, und fachte durch Drehen einer ausrangierten Fahrradfelge ein kleines Feuer an. Hier, in einer Baracke unter der Brücke, lebten Kamla und ihr Mann Momta Lohar nun schon seit zweiundzwanzig Jahren. Als Momta die Tür zur Baracke öffnete, war zuerst schwer zu erkennen, was sich dort befand. In dem mit Spiegelscherben, bunten Perlenketten und Bildern dekorierten Bretterverschlag stand, wohlbehütet, ihr einstiges Zuhause: die *gadulija*, der Wagen.

Gefragt nach ihrem Ursprung, wissen die Gadulija Lohare von der Stadt Chittorgarh zu berichten, in der sie Waffen für den Rajput-König Udai Singh herstellten; 1568 waren sie jedoch vor dem Ansturm des Akbar in die umliegenden Wälder geflohen. Als sie zurückkehrten und sahen, welche Zerstörungen Akbar angerichtet hatte, schworen sie in ihrer Wut über das Massaker und voller Verzweiflung über ihre verlorene Lebensgrundlage, nie wieder nach Chittorgarh zurückzukehren. Sie würden niemals mehr in Häusern wohnen und die Pritschen immer umgekehrt auf ihre Wagen lasten. In dieser schwierigen Situation habe Shiva ihnen Amboß, Zange und Hammer gegeben, und so seien sie zu wandernden Schmieden geworden. Seltsamerweise ersetzen die meisten Gadulija Lohare den Rajput-König Udai Singh dieser Legende durch den bekannteren Maharana Pratap, dessen Regierungszeit jedoch erst einige Jahre später begann.

Eines Nachmittags verließen Kamla und Rampur Narendar Lohar Khurra wieder. Mit den beiden bepackten Wagen, die Pritschen umgekehrt aufgespannt, wie es das Gelübde bestimmt, und ihren Enkelkindern auf den Seiten des Wagens zogen sie durch die kleinen Straßen von Khurra und schließlich aus Khurra hinaus.

★

GANZ KHURRA war von weichen Sandwegen durchzogen, in denen die Füße einsanken, wodurch jedes Geräusch beim Gehen verschluckt wurde. Als eines Tages der Banjara-Händler mit einer Kamelkarre durch das Dorf fuhr, um mit seiner Salzladung auf dem Platz zwischen dem großen *niim*-Baum und dem Dorfbrunnen zu halten, hörte man nur das Knacken der hölzernen Wagenräder. Frauen kamen aus allen Richtungen herbei und brachten Gefäße, Schalen und Beutel, in die der Händler Salz füllte, das er mit seiner Handwaage abwog.

Die Banjara (von *banija kara*, „Händler, Kaufmann") sind wandernde Kaufleute, die traditionell das Heer und abseits gelegene Orte mit Getreide, Salz und anderen Waren belieferten und Viehhandel betrieben. In einiger Entfernung von Khurra lag Alipura, ein regelrechtes Banjara-Dorf. Gompe, ein älterer Mann, hatte sich auf Antiquitäten spezialisiert, die er in den umliegenden Dörfern an- und verkaufte. Chadiya und Indra Devi fuhren ab und zu mit den anderen Frauen nach Jaipur, Ahmedabad oder Delhi, um Kosmetikartikel zu erwerben, die sie dann den Frauen in Khurra anboten. Viele Banjara sind schon vor mehreren Generationen seßhaft geworden. Der Aufbau des Eisenbahnnetzes durch die Briten und die Entwicklung moderner Transportsysteme hat ihre Funktion als Versorger abgelegener Orte mit Waren ziemlich überflüssig gemacht. Lakshi Banjara, einer der ältesten Einwohner von Alipura, erzählte, seine Vorväter seien noch mit Ochsenwagen umhergereist, um Salz und Küchenwaren zu vertreiben. Vor ungefähr hundert Jahren waren sie dann nach Alipura gekommen, wo sie begannen, Land zu bestellen. Er selbst war nun per Fahrrad unterwegs ins nächste Dorf, um Küchenutensilien zu verkaufen.

In Khurra mußte man die von der Kreuzung zwischen Ram Klaris Teestand und dem Krankenhaus an der Schule vorbeiführende Straße entlang, wenn man zum nächsten größeren Ort wollte. Dort, nachdem die Bebauung immer spärlicher wurde, lebten, von der Straße aus kaum sichtbar, die Sapera. Die erdfarbene Lehmhüttensiedlung war umgeben von trockenem Gestrüpp, auf das Kleider zum Trocknen geworfen waren. Chiriya und Rakli, zwei zwölfjährige Mädchen, hockten neben Chanda Kale und sahen zu, wie sie, ihr Jüngstes auf dem Arm, Holzstöckchen immer tiefer ins Feuer hineinschob. Banjee Banvare, ein älterer Mann, der lange Ketten über der *kurta* trug und dessen Brille an seinem orangefarbenen Turban befestigt war, hockte ein Stück davon entfernt mit den anderen Männern zusammen, die gerade wieder zurück nach Hause gekommen waren. Die Sapera (von *sanp* für „Schlange") sind vor allem als Schlangenbeschwörer bekannt, die Kobras in geflochtenen Körben mit sich tragen, *been* oder *pungi,* die Doppelflöte, spielen und die Schlangen dazu tanzen lassen. Shri Lam Sapera hatte an diesem Tag mit Hilfe eines Hundes eine neue Schlange gefangen und ihr die Giftzähne entfernt. Nach zwei Monaten, so sagte er, würde er sie wieder freilassen, sonst könnte sie gefährlich werden und zubeißen.

Noch bis zur Mitte des 20. Jahrhunderts reisten die Sapera mit Eseln umher und hinterließen für abwesende Familienmitglieder Steine in der Asche, mit denen sie die Richtung des nächsten Lagers angaben. Den Sapera von Khurra hatte eines Tages ein freundlicher Mann angeboten, sich auf dem Stück Land neben seinem Haus niederzulassen. Dieser Mann war der Großvater Mais Kumar Meenas, eines Englischstudenten aus Ajmer. Jener wußte zu erzählen, daß sein Großvater sich in Khurra einsam gefühlt habe und ihm die *Kalbelia*, wie die Sapera in Rajasthan auch genannt werden, mehr als willkommen gewesen seien. Die Kalbelia waren geachtete Leute in Khurra.

Sie kannten sich mit den lebensgefährlichen Schlangen aus und wußten deren Bisse zu kurieren. Obwohl heutzutage Antivenin zugänglich ist, suchen die Leute noch oft direkt bei den Sapera Hilfe. Wahrscheinlich haben sie bei den Schlangenspezialisten das Gefühl, in sicheren Händen zu sein. *Kal* bedeutet Tod, und Kalbelia ist „der, der die Todesangst überwindet". Beschäftigt sind die Kalbelia besonders zur Regenzeit, wenn die Schlangen aus ihren Höhlen kriechen und sich nicht selten in das eine oder andere Haus verirren. Dann werden die lokalen Sapera gerufen, um die gefährlichen Eindringlinge einzufangen und in sicherer Entfernung von den Siedlungen wieder freizulassen.

In vielen Gegenden pflegen die Sapera-Frauen auch zur *been*-Musik der Männer zu tanzen. Dabei tragen sie gewöhnlich schwarze Kleider mit gezacktem Schlangenmuster. Früher, so berichtete Gulam Nat in Barmer, hätten sie sich sogar die Schlangen um die Schultern geschwungen, doch damit sei nun Schluß. Er wohnte mit seiner Familie und drei Töchtern an einer staubigen Straße etwas außerhalb von Barmer. Kamla, Jamna und Keta tanzten nur innerhalb der Familie, doch unter ihren Verwandten in Jodhpur, sagten sie, seien auch professionelle Tänzerinnen, die sogar im Ausland aufträten.

★

KHATU DEVI SAPERAS ARME waren voller Tätowierungen, und als sie die Hände wie eine Kobra schlängelte, bogen sich ihre Finger in so unmöglichem Winkel, daß man sich fragen mußte, ob diese überhaupt Knochen hatten. Alle ihre Schwestern tanzten, und Khatu, Bhapu und Shanti Kalbelia waren auch oft zusammen unterwegs. Nun waren die Mädchen aus Jodhpur nach Pili Banga gekommen, um auf einer Hochzeit zu tanzen. Sie verwendeten eine Ewigkeit dazu, sich zu schminken und anzuziehen. Als sie fertig waren, in glitzernden Röcken und Tüchern, mit Halsschmuck und Ohrgehängen, roten Lippen und dem *bindi,* sahen sie aus wie Puppen. Mit Rasseln an den Fußgelenken drehte Khatu sich wild im Kreis, türmte sich sieben Wasserkrüge übereinander auf den Kopf und stieg dann auf eine Schale, um sich auf ihr weiter im Kreis zu drehen.

Die Manganiare, in weißen *kurtas* und *pajamas,* mit roten Turbanen und schwarzen Schnurrbärten, saßen im Halbkreis hinter ihr, trommelten auf den *dholaks,* spielten Akkordeon und *kamayacha,* eine Art Geige, während Samandar Manganiar, die kastagnettenähnlichen *khartals* in unfaßbarem Takt zwischen den Händen klappernd, Lieder von Zitronen, Henna, Pfauen, Schluckauf und Liebe, von Mumal, Rada und Krischna sang. Die Musiker gehörten zur Kaste der Manganiare, die vor allem in der Wüste Thar um Barmer und Jaisalmer herum sowie jenseits der pakistanischen Grenze leben und früher im Dienst der lokalen Rajput-Könige standen. Die Manganiare sind zum Islam übergetretene Hindus, die auf den Festen der reichen Hindu-Familien spielen – anders als die muslimischen *Langa*-Musiker, die nur für Muslime auftreten. Takhur Hanwat Singh, ein Rajput aus Shiv, ließ öfter die Musiker aus der Wüste zusammenkommen, damit sie im Hof seines Hauses im Sand für die ganze Familie von beinahe dreißig Leuten spielten. Er saß dann mit seinem Bruder auf dicken Kissen, trank den gefährlichen Wüstenwhiskey und rief „Sehr gut, sehr gut", während er auf indische Weise Beifall spendete, indem er seine dicken Handflächen gegeneinanderrieb und dabei auf- und zuklappte.

Hamzah al-Isfahani berichtet 961 n. Chr. in seinen *Annalen* von 12 000 Zott-Musikern, die der persische Schah Bahram Gor (420-438) sich von seinem Schwiegervater aus Nordindien schicken ließ, weil in ganz Persien keine Musiker aufzutreiben waren, die seine Untertanen nach getaner Arbeit hätten unterhalten können. Auch Firdausi schreibt Anfang des 11. Jahrhunderts im *Shah-Nameh (Buch der Könige),* dem persischen Nationalepos, von den Musikern aus Nordindien, nennt diese jedoch *Luri.* Eine weitere Version dieser Episode ist durch den arabischen Historiographen Al-Talibi ins Arabische übertragen und in seine *Geschichte der persischen Könige* (1020 n. Chr.) aufgenommen worden. Firdausi zufolge wollte der Schah, daß die Musiker gleichzeitig das Land bestellten, um sich zu versorgen, während sie umsonst für die Armen spielten. Deshalb gab er jedem einen Ochsen und einen Esel, doch als die Musiker nach einem Jahr wieder vor ihm erschienen und der Schah erfuhr, daß sie die Ochsen und das Korn einfach verzehrt hatten, jagte er sie fort. In den Musikern dieser Legende werden oft die Vorfahren der Roma gesehen. Es gilt auch nicht als ausgeschlossen, daß einige von ihnen in Persien blieben, während die Nachkommen der anderen bis nach Europa kamen.

Viele der traditionell nomadischen Bevölkerungsgruppen Indiens beherrschen außer der lokalen Sprache auch einen speziellen Argot, den sie nur untereinander verwenden. Zu diesen eigenen Sprachen oder Dialekten, die allgemein *Parsi* (Persisch) genannt werden, gehören auch *Banjari*, *Kanjari*, *Sansi* und *Sanpera bhasha*. In einigen finden sich, wie von nordindischen Sprachen zu erwarten, dem Romani ähnliche Wörter, die jedoch in keiner anderen indischen Sprache vorkommen. So ähnelt mitunter das Wort für Hund, *dschukhla* in Kanjari oder *dschukhel* in Sansi, dem Romani-Wort *dschukel*, das unter anderem als *jycke* ins Schwedische übernommen worden ist. In jenen Sprachen gibt es auch besondere Bezeichnungen für Fremde oder Leute, die nicht zur eigenen Gruppe gehören. So berichtete der Sansi Bag Mal aus dem Tonk-Bezirk, die Sansia würden Gadulija Lohare, Sapera, Kanjars und Nats bei deren jeweiligen Kastennamen nennen, während andere, seßhafte oder höherstehende Kasten wie die *Minas*, *Bhils*, *Gujars*, *Jats* oder *Brahmine* bei ihnen *Gadsche* hießen, so, wie auch die Nicht-Roma von den Roma Europas bezeichnet werden. Die Sapera verwenden den Ausdruck *Kadscha*, um unter anderem die Bhils zu bezeichnen, jedoch, wie Bag Mal sagte, benutzten sie diese Bezeichnung nur untereinander. „Wir würden das nie vor einem *Gadscha* sagen." *Gadscha* ist auf *Garmaja*, Sanskrit für „Bauer", zurückgeführt worden. Möglicherweise kam *Gadscha* auch dadurch zustande, daß man, wie es im Kanjari üblich ist, die eigene Gruppe (*hamari jati*) von der anderen, fremden Gruppe (*gair jati*) abgrenzte.

Unabhängig davon, zu welchen Gesellschaftsschichten die Vorfahren der Roma gehörten, beachten viele Roma noch heute ungeschriebene Gesetze oder Bräuche, deren Ursprung wohl in Indien liegt. So ist die Vorstellung, daß Geburt und Tod mit Unreinheit verbunden sind, in der indischen Kultur stark verankert. Die *kris*, eine Art kleiner Gerichtshof, der vor allem bei den Vlach-Roma gehalten wird, entspricht dem in indischen Dörfern gebräuchlichen *panchayat*, dem „Rat der Fünf", mit dessen Hilfe alle die Gemeinschaft betreffenden Fragen und innere Konflikte gelöst werden; so geschieht es mitunter auch bei den Sapera und Gadulija Loharen. Um die Wahrheit einer Aussage zu beeiden, verwenden unter anderem Kanjars und Sapera, in ähnlicher Weise wie die Roma, Schwüre, mit denen man sich selbst Schlimmes herbeiwünscht, falls man gelogen haben sollte. So werfen beispielsweise die Sapera der Jaipurer Panipeic-Siedlung einen Salzkristall in einen Eimer Wasser und sagen dabei: „Möge mein Körper schmelzen wie dieses Salz, wenn ich nicht die Wahrheit sage." Sollte ein Sapera etwas so Verwerfliches getan haben, daß seine Gegenwart von den anderen nicht mehr ertragen wird, kann er, wie es auch bei gewissen Roma vorkommt, sogar aus der Gemeinschaft ausgestoßen werden, oft jedoch nur für einen begrenzten Zeitraum.

Auch der Aberglaube scheint sich von Indien bis nach Europa und Finnland erhalten zu haben. Sakar Khan, ein Manganiar, wollte unsere gemeinsame Reise nicht antreten, weil uns ein mit Steinen beladener Lastwagen entgegenkam. „Steine sind Zeichen des Todes, das ist nicht gut für die Reise", behauptete Sakar. Beim Antritt einer Reise, erklärte er, gebe es verschiedene Zeichen; begegnete man auf dem Weg als erstes einer Frau, so sei das schlecht, hingegen sehr gut, wenn der erste, dem man begegne, beispielsweise ein gesunder Mann sei. So saßen wir eine Weile auf einer Mauer und warteten, bis die Vorboten des Todes in sicherer Entfernung waren. Feija Baltzar erkannte diese Tradition wieder. Er hatte als Kind erlebt, wie die Roma in Finnland es mit dem Aberglauben hielten. „Wollten sie los, um Pferde zu verkaufen, und kam ihnen ein junger, gesunder Mann entgegen, war das ein gutes Zeichen", erinnerte er sich. „Kam aber auf dem Weg als erstes eine Frau entgegen, kehrten sie um. Der Handel würde nicht gelingen, und die Männer blieben zu Hause."

Griechenland *Grècia

Bulgarien

Thrakien

Didimoticho •

Mazedonien

Serres •

•Xanthi

•Komotini

Türkei

Makedonien

• Thessaloniki

Albanien

• Veria

Epirus

Thessalien

Ägäisches Meer

Mittelgriechenland

Attika

Nea Zoi •

• Athen

Ionisches Meer

Argos •

• Nafplion

Peloponnes

Kreta

Nea Zoi

„WAS WOLLT IHR DORT? Da gibt es nichts zu sehen!" Der Fahrer zuckte die Achseln und startete den Bus, der sich mühsam einen Weg durch den Athener Verkehr Richtung Aspropyrgos bahnte. Der Bus fuhr lange Straßen entlang, vorbei an öden Fabriklandschaften, bevor er schließlich eine enge Brücke überquerte und die zentrale *plateia*, den großen Platz, erreichte. Aspropyrgos war eine kleinere Industriestadt auf der Thriasischen Ebene nordwestlich von Athen, die unter der Umweltverschmutzung durch die in der Nähe liegenden Ölraffinerie zu leiden hatte. Mitten auf der langen, geraden, staubigen Straße zwischen Aspropyrgos und Elefsina, dort, wo sie am riesigen Industriegebiet vorbeiführt, stiegen wir aus. Fuhr man hier vorbei, käme man niemals auf den Gedanken, daß sich hinter der unwirtlichen Industriezone menschliches Leben verbirgt. Und doch lebten hier, auf dem Gelände einer stillgelegten Müllkippe, ungefähr dreitausend griechische und albanische Roma.

Es galt, trotz des dichten Verkehrs die Straße zu überqueren, um einen der Wege einzuschlagen, die in das Industriegebiet hineinführten. Hier, zwischen den fensterlosen Fabrikfassaden und öden Plätzen, ließ der Verkehrslärm allmählich nach. Die schmale Straße war lehmig und eigentlich nicht für Fußgänger vorgesehen. Lastwagen, die vorbeirauschten, ließen das Dreckwasser aus den Pfützen aufspritzen und zwangen einen hoch auf die Bordsteinkante oder dazu, sich an Zäune und Mauern zu drücken. Über dem ganzen Gebiet lag ein stechender Geruch von verbranntem Kunststoff.

Die Siedlung hieß *Nea Zoi*, was soviel bedeutet wie „neues Leben". Einige Roma waren ursprünglich hierhergezogen, weil in der Nähe eine Sammelstelle für Altmetall lag. Bevor es von den Behörden verboten wurde, hatten sie auch anderes verwendbares Material von der Müllkippe aufgesammelt. Hinter den letzten Fabrikhallen erstreckte sich ein endloses unbebautes Feld. Soweit das Auge reichte, war die Erde mit Müll übersät. In einiger Entfernung ging ein Mann mit seinem Sohn vorbei. Ihnen folgte, im Zickzack den Boden abschnüffelnd, ein kleiner Hund. Auf einem Hochspannungsmast, der wie ein Wächter dieses Niemandsland überragte, war Wäsche zum Trocknen aufgehängt; darunter lag eine Ansammlung von Baracken, die aus Holzlatten zusammengenagelt und mit Werbetransparenten bezogen waren. Vor einer Baracke, aus der laute Musik dröhnte, waren Kinder damit beschäftigt, ein paar Kanister mit Wasser vollzupumpen. Als alle Behälter voll waren, schraubte der Junge an der Pumpe den letzten Kanister zu und trank direkt aus der Leitung.

Dionysia Panagiotopoulou wohnte in der letzten Baracke an einer kleinen Straße, die direkt auf eine hohe weiße Mauer zulief. Mit hochgestecktem Haar, langem Rock und schwarzen Stiefeln stakste sie zwischen Joghurtbechern, rostigen Schrauben und alten Zeitungen umher. „Hier ist meine Mutter vor einigen Jahren verschwunden", erzählte sie, „sie wurde von einem Bulldozer überfahren, als sie Dosen sammelte." Dionysias Eltern waren früher umhergereist, um bei der Ernte von Tomaten, Trauben und Apfelsinen auszuhelfen, wie es viele Roma in Griechenland zu tun pflegten. Dionysia blieb zu Hause, selbst wenn es in Nea Zoi unerträglich heiß wurde. Sie war geschieden und kümmerte sich um ihre drei Töchter.

Die Mauer in ihrer Straße trug Rußschatten von all den Feuern, die an ihr gebrannt hatten. Das erste Mal, als wir kamen, standen Trauben von schwarzgekleideten Menschen auf der Straße, und in Dionysias Baracke hatten alte Frauen gesessen und sich leise unterhalten. Dionysias Vater war einige Tage zuvor an Asthma gestorben, das sich durch die schlechte Luft in Nea Zoi ständig verschlimmert hatte. Alle Verwandten waren angereist, um sich von ihm zu verabschieden.

★

DIE ROMA, DIE GRÖSSTE MINDERHEIT Griechenlands, leben seit byzantinischer Zeit auf griechischem Gebiet. Schon seit dem 8. Jahrhundert ist von *Atsingani* im byzantinischen Kleinasien die Rede, im 10. Jahrhundert im gesamten Byzantinischen Reich. Nach dem 12. Jahrhundert werden zunehmend

Aigupti („Ägypter", daraus die pejorative Bezeichnung *Gyftoi* ähnlich wie die englischen *Gypsies* und die spanischen *Gitanos*) und *Katsiveloi* (vom lateinischen *captivus*, „gefangen", Sklave) erwähnt. Neben dem heiligen Georg von Athos und den Aufzeichnungen Balsamons bezeugen auch westeuropäische Quellen die Existenz von Roma im byzantinischen Griechenland. Der Franziskanermönch Simon Simeonis schrieb 1322 von den „Nachkommen Hams", die in schwarzen Zelten und in Grotten auf Kreta hausten und nie länger als dreißig Tage an einem Ort verweilten. Von den *Romiti*, die in einer Siedlung namens Gyppe vor den Stadtmauern von Modon an der peloponnesischen Westküste lebten, berichtete 1384 Leonardo di Niccolò Frescobaldi. Die Siedlung wurde auch „Klein-Ägypten" genannt, weshalb denn auch in späteren Quellen Ägypten als Herkunftsland der Roma genannt wird.

Möglicherweise auf der Flucht vor der Pest, die sich 1347 in Konstantinopel ausbreitete, gelangten die Roma auf das europäische Territorium des Byzantinischen Reichs. Sie hatten bald das gesamte Gebiet des heutigen Griechenlands durchreist und ließen sich vor allem in den venezianischen Gebieten nieder, die nicht den ständigen Angriffen der Osmanen ausgesetzt waren. Zahlreich waren die Roma auch in Thrakien, wo sie seit 1356 auf Seiten des zerfallenden Byzantinischen Reichs gegen die Türken kämpften, bevor diese 1453 Konstantinopel und bald darauf den Balkan eroberten.

Im Osmanischen Reich, in dem man zwischen Muslimen und Ungläubigen unterschied und dementsprechend das Abgabensystem organisierte, fielen die Roma zwischen die Kategorien. Möglicherweise waren die Roma in religiöser Hinsicht zu vielseitig. Der türkische Schriftsteller Evliya Çelebi beobachtete im 17. Jahrhundert, daß die Roma Ostern mit den Christen, Bairam mit den Muslimen und Pessach mit den Juden feierten. Die Regelung, als Muslim von der Kopfsteuer ausgenommen zu sein, galt für die Roma nicht. Muslimische Roma zahlten lediglich eine geringere Kopfsteuer als christliche, während nomadische Roma (*gezende*) einen Strafzoll zu entrichten hatten, da man davon ausging, daß sie grundsätzlich keine regelmäßigen Steuern zahlen konnten. Von der Steuereintreibung ausgenommen war allein der Roma-*Sandschak* in

Thrakien, eine besondere Einheit von Roma im Dienst der Armee. Die meisten Roma waren in Dörfern oder Städten registriert, wo sie sich in sogenannten *mahalas*, besonderen Vierteln, niedergelassen hatten. Dort verbrachten sie den Winter, um im Sommer zu reisen, wie es zahlreiche Roma Griechenlands noch heute halten. Einige gaben jedoch im Zuge der Seßhaftwerdung ihre traditionellen Berufe auf und begannen, Landwirtschaft zu betreiben. Im 19. Jahrhundert war die Mehrheit der Roma permanent seßhaft. Es entstanden ganze Dörfer, die hauptsächlich oder ausschließlich von Roma bewohnt waren, beispielsweise Flambouro und Anthi bei Serres, deren Einwohner noch heute Romani sprechen und unter anderem als Musiker arbeiten.

An der griechischen Revolution 1821 und dem darauf folgenden Unabhängigkeitskampf gegen das Osmanische Reich nahmen auch einige Roma teil, doch kaum war der griechische Staat 1830 international anerkannt, wurden sie einer Assimilierungspolitik ausgesetzt, die fremde Sprachen, Kulturen und Identitäten verachtete und allen in Griechenland lebenden Menschen die griechische Kultur und Sprache aufzwingen wollte. Die Auffassung, Zugehörigkeit zu einer Minderheit und griechische Identität seien unvereinbar, existiert bis heute. Einzig die muslimischen Roma Westthrakiens, die im sogenannten „Bevölkerungsaustausch" zwischen Griechenland und der Türkei 1923 nicht vertrieben wurden, erhielten im Rahmen des Vertrags von Lausanne zusammen mit den Türken und Pomaken der Region einen Minderheitenstatus, der sie jedoch nicht zum Unterricht in ihrer Muttersprache berechtigt. Dieser geschieht vielmehr auf Türkisch, und zahlreiche Roma Westthrakiens ziehen es mittlerweile vor, die Roma-Identität aufzugeben und sich selbst als Türken zu bezeichnen.

Nach den muslimischen Roma Westthrakiens erhielten 1955 auch die ersten Roma im übrigen Griechenland die griechische Staatsbürgerschaft. Etwa die Hälfte der ungefähr 350 000 Roma Griechenlands unterscheiden sich in ihrer Lebensweise kaum von der übrigen Gesellschaft, während die andere Hälfte, wie Dionysia und die Roma Nea Zois, im wahrsten Sinne des Wortes am Rande der Gesellschaft leben, wo sie der Willkür der Polizei und der Behörden schutzlos ausgeliefert sind.

DIONYSIA HATTE *fasolada*, eine Bohnensuppe, gekocht und saß auf mehreren übereinandergelegten Decken auf dem Boden neben dem Ofen. Vor ihr stand eine von Hand zu bedienende Maschine, auf der sie *vrakia* nähte, halblange Hosen aus dünnem, geblümtem Stoff, die von den Frauen unterm Rock getragen werden. Dionysias älteste Tochter Argiro spülte auf der Terrasse vor der Baracke Geschirr, die beiden jüngeren Töchter Dina und Marina waren in der Schule. Die Baracke bestand aus einem einzigen großen Raum, der nur an einer Seite Fenster hatte. In beiden hinteren Ecken standen große Betten, die mit ihren Vorhängen, die man nachts zuzog, beinahe Himmelbetten glichen. Hinter den Fensterscheiben, die als Außenwand der Kochecke dienten, waren Lebensmittel übereinandergestapelt, denn Dionysias Baracke diente auch als Kiosk. Vor der Baracke herrschte reges Treiben, und ab und zu kamen Nachbarinnen herein, um sich eine Weile mit Dionysia zu unterhalten.

„Vor zwei Wochen war die Polizei hier", erzählte Dionysia. Eine Spezialeinheit von 150 Mann war eines Vormittags mit Kastenwagen aufgetaucht und hatte die Roma gezwungen, aus ihren Baracken zu kommen und sich auf den Boden zu legen. Auch Dionysia und ihre Töchter waren auf den Boden gezwungen worden. „Ein Polizist richtete eine Pistole auf Argiro", so Dionysia. Eine Nachbarin, Ekaterini Karagiannopoulou, die nicht sofort herauskommen konnte, weil sie ein Bad 'nahm, wurde im bloßen Hemd von den Polizisten in eine andere Baracke gezerrt und dort einer Leibesvisitation unterzogen. Die Polizei hatte Hab und Gut vieler Roma zerstört sowie fünfzehn Leute festgenommen und mit aufs Revier genommen, wo sie weder Wasser noch Essen bekamen. Bei dieser Art von Razzien, die unter dem Vorwand der Drogenfahndung organisiert werden, umzingeln die Polizisten die Baracken, so daß niemand entwischen kann, und nehmen dann alle Verdächtigen fest, um sie nach Drogen oder unbezahlten Rechnungen zu durchsuchen. Eine derartige Prozedur ist an sich legal, wird jedoch ausschließlich in Romavierteln durchgeführt, und dies meistens unter Anwendung von extremer Gewalt.

„Sie haben Jannoula in den Rücken getreten", erzählte Dionysia. Jannoula Tsakiri war ein einundzwanzigjähriges Mädchen, das in Dionysias Viertel lebte und ein Kind erwartete.

Sie hatte während der Razzia mit ihrer Großmutter und einem dreizehnjährigen behinderten Jungen vor ihrer Baracke gestanden. Als ein Polizist den Jungen packte und befahl, er solle aufstehen, hatte Jannoula eingewendet, der Junge könne doch gar nicht laufen. Daraufhin hatte der Polizist den Jungen auf den Erdboden fallen lassen und Jannoula in den Rücken getreten, so daß sie stürzte. Kurz darauf hatte Jannoula zu bluten begonnen. „Sie mußte ins Krankenhaus eingeliefert werden", sagte Dionysia. „Das Kind hat sie verloren."

Kostas Kartalis, Dionysias Freund, hatte Dina und Marina von der Schule abgeholt. Es war mittlerweile dunkel geworden. Die Mädchen machten Feuer im Ofen und setzten sich auf den Boden. An der Decke hing eine Glühbirne, die warmes Licht im Raum verbreitete. Als Kostas hörte, daß wir über Nacht bleiben würden, streckte er die Arme zu beiden Seiten aus: „Hier? Bravo. Hier gibt es *pontikia*, Ratten!" Dann ging er großen Schrittes und seinen krausen Schopf schüttelnd hinaus. „Zur *agora*, zum Markt", sagte er.

Dionysia war mit ihren Verwandten zum Friedhof gefahren, um ein Licht auf das Grab ihres Vaters zu setzen. Seit seinem Tod waren mittlerweile vierzig Tage vergangen. Innerhalb dieser Frist war es verboten, sich zu schminken, zu tanzen, zu singen oder Musik zu hören, und die weiblichen Verwandten würden sich ein Jahr lang schwarz kleiden. Nun, da die Trauertage um waren, mußte Marina, die Elfjährige, plötzlich an Musik denken und bekam leuchtende Augen. Etwas geniert schaute sie sich um und holte dann die Platte einer mexikanischen Sängerin hervor. „Was bedeutet *corazón*?" fragte sie.

Die Stereoanlage stand versteckt unter einer weißen Spitzendecke. Die Mädchen sahen fragend zu Dionysia hinüber, die nickte und ihnen erlaubte, wieder Musik zu hören. Ein Nachbar, der zu Besuch war, ging hinaus, um einen Stecker zu finden, ein anderer brachte ein Kabel, zog ein Stück von der Plastikummantelung ab und klebte die Leitung mit Tesafilm zusammen. Mit der Zigarette im Mundwinkel stieg Dionysia auf das Bett und befestigte das Kabel bis hinüber zur Steckdose über dem Eingang an der Decke. Der Strom kam von einer der Hochspannungsleitungen, an die sie ein Kabel angehakt hatten. Als endlich *tsifteteli*, Bauchtanzmusik, zu hören war, schrie

Marina vor Freude auf und begann zum Vergnügen der anderen zu tanzen. Ab und zu tauchten Köpfe hinter der Glaswand auf und drückten ihre Nasen an die Scheibe, um das plötzliche Leben in Dionysias Baracke zu bestaunen. Wir aßen von der *fasolada*, bevor Dionysia Marina nach einem letzten Tanz ins Bett schickte. Dina war schon vor einer Weile eingeschlafen; sie lag in eine Decke gewickelt neben dem Ofen.

Den ganzen Abend fuhren Autos mit hoher Geschwindigkeit bedrohlich nah an der Barackenwand vorbei, um kurz vor der Mauer eine Vollbremsung zu machen. Mal wichen sie nach links aus, mal nach rechts. Es hörte sich an, als drückten sie Gas- und Bremspedal gleichzeitig durch. Ich versicherte, daß wir auf dem Boden übernachten könnten, doch Dionysia ließ nicht mit sich reden. „Ihr schlaft im Bett", sagte sie, breitete mehrere Decken auf dem Boden aus und machte das Licht aus, indem sie die Glühbirne in der Fassung umdrehte. „Ich bin die Ratten besser gewohnt als ihr", meinte sie, als sie mit Dina, Marina und Argiro am Ofen zusammenkroch. „Falls welche kommen, ziehen wir uns ganz einfach die Decken über den Kopf und warten, bis sie verschwunden sind." In der Nacht kam Kostas nach Hause, aß von der *fasolada* und brummte irgendetwas, möglicherweise, weil wir in einem der Betten schliefen. Bis spät in die Nacht hinein waren Pistolenschüsse zu hören. „Dionysia, was geht da vor sich?" fragte ich. „Ich weiß es nicht. So ist es oft", antwortete sie. „Es können die Unseren sein, doch meistens ist es die Polizei, die Angst verbreiten möchte."

Die Behörden, die sehr darauf bedacht waren, die Roma aus Nea Zoi zu vertreiben, waren zu radikalen Maßnahmen geschritten. Des öfteren zogen sie frühmorgens mit Bulldozern in die Siedlung ein, um alle Roma aus ihren Baracken zu scheuchen und die Behausungen niederzuwalzen – illegal, denn derartige Evakuierungen dürfen nicht ohne Angebot einer alternativen Unterkunft stattfinden. Oft verbrannte die Polizei auch gleich die Reste, so daß die Roma die Baracken nicht wieder aufbauen konnten. Die Behausungen auszubessern oder überhaupt ordentliche Häuser zu bauen, war verboten und wurde sofort mit Abriß bestraft.

Einmal erwischte es Dionysias Baracke. „Ich wußte nicht, wohin mit den Mädchen", erzählte sie, „eins wurde krank, und gleichzeitig mußte ich Material für eine neue Baracke sammeln." Als die Bulldozer das nächste Mal bereitstanden, die Baracke umzufahren, hatte Dionysia, wie es ihr die Menschenrechtsorganisation *Greek Helsinki Monitor* geraten hatte, den Polizisten ein Dokument vor die Nase gehalten, das die Rechtswidrigkeit solcher Evakuierungen bescheinigte. Die Polizei überlegte es sich tatsächlich anders. Ihre Baracke blieb verschont, während alle anderen zerstört wurden.

Am folgenden Morgen wurden wir durch das Krähen eines Hahns geweckt. Vor der Baracke trippelten Hühner umher und pickten Eßbares vom Boden auf. Dionysia zündete Feuer im Ofen an und öffnete die Barackentür. Auf dem Gaskocher kochte sie Milch für Marina und Dina und griechischen Kaffee für alle anderen. Marina und ich zogen die Schuhe an und schlüpften hinter den Baracken durch ein Loch im Zaun. Die große Grube dahinter diente allen als Klo.

Langsam trudelten Kinder aus der Nachbarschaft in Dionysias Baracke ein, setzten sich auf den Boden oder warteten in der Tür darauf, daß Kostas sie zur Schule bringen würde. Die Schule von Nea Zoi, ein Betonhof mit flachen Bauten, der von einem hohen Stacheldrahtzaun umgeben war, lag am anderen Ende von Nea Zoi und glich der Schule eines südafrikanischen Townships. Dionysia hatte Angst, die Mädchen zur Schule laufen zu lassen. „Es ist ein langer und gefährlicher Weg", sagte sie, „schon einige Kinder sind auf dem Schulweg verschwunden." So brachte Kostas alle Kinder aus dem Viertel jeden Morgen mit seinem Wagen zur Schule und holte sie nachmittags wieder ab. Bisher lag Kostas noch selig in einem der Himmelbetten und schlief. Sobald er sich aufgerichtet hatte, zischte er einmal durch die Zähne, richtete seinen Zeigefinger auf die Wand gegenüber, nach der sich dann alle Köpfe drehten, auf daß er ein wenig Privatsphäre bekomme, und wechselte dann die Hosen. Als er seinen Kaffee getrunken hatte, winkte er die Kinder auf den Pritschenwagen, rief „*S'choleio*-Express!", und dann schaukelte der Toyota-Pritschenwagen mit den kreischenden Kindern auf der Ladefläche los Richtung Schule.

2363	**7252**	**9812**	**3360**	**2636**	**0952**	**879**	**5491**	
Preţ întreg	b. Tichet Tren accelerat Comb. cu suplim. de tren Mediaş 2	D. Preţ întreg Suceava TR 13	G. Preţ întreg Berchişeşti TR 1	b. Supliment Tren rapid Suceava TR 13	D.1 Preţ întreg Feteşti 5	b. Tichet Tren accelerat Comb. cu suplim. de tren Cluj Napoca 3	D. Tichet Tren accelerat şi rapid Suceava TR 13 până la staţia	Trenul Vagonul Locul nr.
Suceava 5	BV	IŞ	IŞ	IŞ	CŢ	CJ	IŞ	Schimbind rămân pentru tre locuri rez
Berchişeşti	până la staţia Val. peste 250 km Cl. II Lei 13000	Bucureşti Nord v. Orbeni-Mizil Cl. II Lei 73900	Suceava 34 km Cl. II Lei 2000	401- km Cl. II Lei	Bucureşti Nord Cl II Lei	până la staţia Val. peste 250 km Cl II Lei 15000	Valabil orice distanţă Cl II Lei 10000	
Cl. II Lei 10 **2363**	**7252**	**9812**	**3360**	**2636**	**0952**	**8799**	**5491**	

0051	**0141**	**9389**		**3366**	**0037**	**2362**		**26**
D. Tichet Tren accelerat şi rapid Feteşti 6 până la staţia	b. Preţ întreg Cluj Napoca 33	D. Preţ întreg Mediaş 2	Trenul nr. Vagonul nr. Locul nr.	G. Preţ întreg Berchişeşti TR 1	C. Preţ întreg Constanţa 25	b Preţ întreg Suceava 5	Valabil cu Legitimaţia nr. Vag. Locul	b. Supli Tre Suceava
CŢ	CJ	BV		IŞ	CŢ	IŞ		IŞ
Valabil orice distanţă Cl. II Lei 10000	Botoşani via Coşna Cl. II Lei 58200	Bucureşti via Feldioara Cl. II Lei 169	Schimbind trenul rămâne valabil pentru tren fără locuri rezervate	Suceava 34 km Cl. II Lei 2000	Mangalia Cl II Lei 17000	Berchişeşti Cl. II Lei 10		401- Cl. II
0051	**0141**	**9389**		**3366**	**0037**	**2362**		**26**

0953	**0369**	**4241**	**3361**	**0038**	**5145**	**7251**	**8798**	
.1 Preţ întreg Feteşti 5	b. Preţ întreg Tren rapid Cl. I Lei 104600 Botoşani TR 3	C. Tichet Tren accelerat Comb. cu suplim. de tren Sibiu 2	G. Preţ întreg Berchişeşti TR 1	C. Preţ întreg Constanţa 25	b. Preţ întreg Sibiu 2	b. Tichet Tren accelerat Comb. cu suplim. de tren Mediaş 2	b. Tichet Tren accelerat Comb. cu suplim. de tren Cluj Napoca 33	Trenul Vag. Locul
CŢ	IŞ	BV	IŞ	CŢ	BV	BV	CJ	
Bucureşti Nord via Mizil Cl II Lei 51000	Bucureşti Nord via Mizil	până la staţia Val. peste 250 km Cl II Lei 16000	Suceava 34 km Cl. II Lei 2000	Mangalia Cl II Lei 17000	Mangalia via Făgăraş Cl. II Lei 711	până la staţia Val. peste 250 km Cl. II Lei 18000	până la staţia Val. peste 250 km Cl. II Lei 15000	
0953	**0369**	**4241**	**3361**	**0038**	**5145**	**7251**	**8798**	

9390	**5492**	**0140**	**0368**		**9813**	**3367**	**00**	
Preţ întreg Mediaş 2	D. Tichet Tren accelerat şi rapid Suceava TR 13 până la staţia	b. Preţ întreg Cluj Napoca 33	b. Preţ întreg Tren rapid Cl. I Lei 104600 Botoşani TR 3	Valabil cu Legitimaţia nr. Tren Vag.	D. Preţ întreg Suceava TR 13	G. Preţ întreg Berchişeşti TR 1		Locul Schimbind trenul rămâne valabil numai suplimentul
V	IŞ	CJ	IŞ		IŞ	IŞ	D	
Bucureşti via Feldioara Lei 169	IŞ Valabil orice distanţă Cl. II Lei 10000	Botoşani via Coşna Cl. II Lei 58200	Bucureşti Nord via Mizil		Bucureşti Nord v. Orbeni-Mizil Cl. II Lei 73900	Suceava 34 km Cl. II Lei 2000		D. Tichet Tren accelerat şi rapid Feteşti 6 valabil numai suplimentul
9390								

Rumänien *Rumùnia

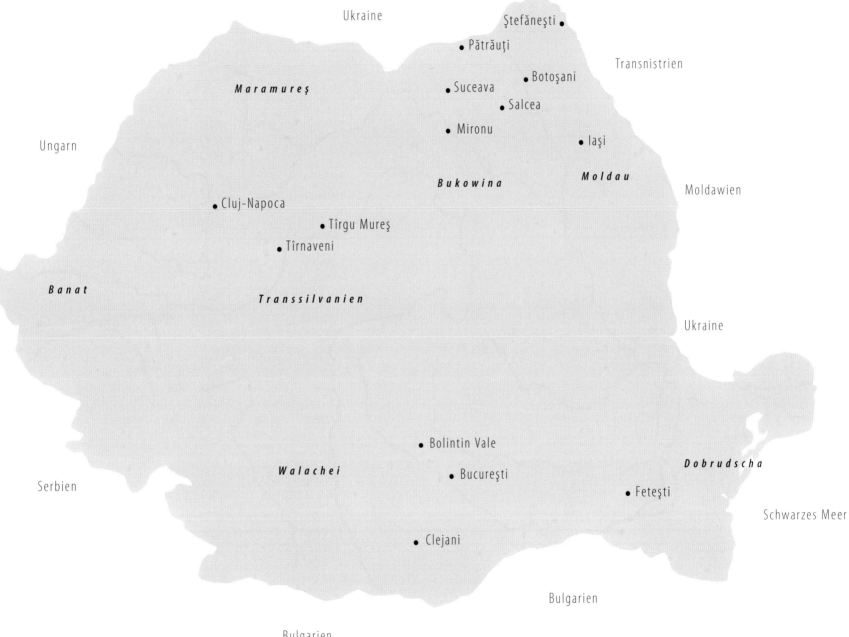

Ukraine

Ştefăneşti •

Pătrăuţi •

Transnistrien

Maramureş

• Botoşani

• Suceava

• Salcea

Ungarn

• Mironu

• Iaşi

Bukowina

Moldau

Moldawien

• Cluj-Napoca

• Tîrgu Mureş

• Tîrnaveni

Banat

Transsilvanien

Ukraine

Serbien

Walachei

• Bolintin Vale

• Bucureşti

Dobrudscha

• Feteşti

Schwarzes Meer

• Clejani

Bulgarien

Bulgarien

Mai repede

RUBINA HATTE IHREN ENKEL IANIS auf ihre ausgestreckten Beine gelegt, schaukelte ihn heftig hin und her und sang ihn mit einem melancholischen Wiegenlied in den Schlaf. Wir verbrachten die Nacht im selben Zimmer wie Rubina, Bilian, deren Kinder, Schwiegertochter und Enkel. Die Temperatur in der Moldau war auf zwanzig Grad unter null gefallen und die Gasversorgung aus der Ukraine so überlastet, daß der Druck in den Leitungen ordentlich nachgelassen hatte. Der Ofen brachte nur eine nichtssagende bläuliche Flamme zustande; die Räume blieben kalt.

Rubina und Bilian, der auf Romani auch Nanareţ genannt wurde, waren *Lăutari*, die Musiker unter den Roma Rumäniens. Das Haus in Ştefăneşti, das sie vor dreißig Jahren erworben hatten, hatte ursprünglich einer jüdischen Familie gehört. Wie viele rumänische Juden war jene Familie in den sechziger Jahren nach Israel ausgewandert. Die meisten Häuser, in denen ehemals die Juden Ştefăneştis lebten, waren nun von Roma bewohnt. Rubinas und Bilians Haus war von einer blauen Holzveranda umgeben, und die Zimmer des Hauses hatten Türen mit dünnen Glasscheiben. Vor diesen Glasscheiben hingen Spitzengardinen; ohne Gardinen, so hieß es, hielte man es wie die früheren Bewohner.

Von Ştefăneşti waren es nur wenige Kilometer zum Pruth und der moldawischen Grenze. Im Sommer, erzählte Rubina, hätten sie manchmal am Flußufer gestanden und den Roma am anderen Ufer zugerufen. Etwas weiter nördlich lag die ukrainische Grenze, dahinter Czernowitz, das hier *Cernauţi* hieß, und Tschernobyl. Viele der Kinder in Ştefăneşti, die 1986 und später geboren waren, hatten Probleme mit der Gesundheit, die auf die Reaktorkatastrophe zurückzuführen waren.

Von den Dächern in Ştefăneşti hingen bedrohlich lange Eiszapfen. Die breiten Wege waren eingeschneit, und Scharen eingemummter Leute befanden sich auf dem Weg zum Markt. Die Passanten wichen zu den Seiten aus, wenn das Klingeln von Glocken Pferdeschlitten ankündigte, die dampfend an ihnen vorbeiglitten. Zwischen dem Café, dessen große Fensterscheiben von den Ausdünstungen der Menschenmassen völlig beschlagen waren, und dem Wochenmarkt herrschte reger Verkehr. Hier wurde alles verkauft, Kartoffeln, Schrauben, Geflügel, Handschuhe, Ferkel aus dem Kofferraum und ganze Sofagarnituren vom Pferdewagen. Die *Fierari* (Schmiede) boten Hufeisen an, und Bilians Großvater Aurel, ein dürrer Mann mit mehrfach reparierter Brille und hoher Schafsfellmütze, hatte seine Werkzeuge auf einer kleinen Decke ausgelegt. Er lebte in der ausschließlich von Roma bewohnten Straße, die gleich hinter dem Markt begann. Wir sahen ihn später vor seinem schiefen blauen Haus wieder, wo er, nur ein Jackett über dem Pullover und mit fingerlosen Handschuhen, damit zugange war, mit einer riesigen Axt Ofenholz kleinzuhacken. In seinem Haus gab es keinen Strom; nur die Fensterluke und eine Petroleumlampe spendeten ein wenig Licht.

Aurel Feraru war nach dem Krieg allein zurück nach Ştefăneşti gekommen. Er hatte damals erfahren, daß außer seiner Schwester und ihm selbst kein Familienmitglied die Deportation nach Transnistrien überlebt hatte. Aurel und seine Familie gehörten zu den vielen Roma, die 1942-44 unter dem faschistischen Regime Ion Antonescus in das rumänisch-deutsch besetzte Bessarabien deportiert worden waren, in das „rumänische Auschwitz", in dem unter anderem auch die Eltern Paul Celans ums Leben kamen. Aurel, der von seiner Familie auch liebevoll bei seinem Romanamen Aurica genannt wurde, verbrachte ein Jahr „am Bug", dem Fluß, nach dem die deportierten Roma die Transnistrien-Erfahrung benannt haben, und wurde dann Frontsoldat, da es hieß, daß deren Angehörige aus Transnistrien befreit würden. Er schrieb einen Brief nach dem anderen an die Verantwortlichen, wie ihm geraten worden war, doch als er nach dem Krieg nach Ştefăneşti zurückkehrte, fand er nur seine Schwester Maria vor. „Sie erzählte mir alles", erinnerte sich Aurel. „Ich erfuhr, was mit meiner Familie am Bug geschehen war, wie einer nach dem anderen umgekommen war, und ich habe geweint, geweint." Bilian sagte, daß nur Aurica wisse, was er und seine Familie in Transnistrien erlebt hätten. Sie, seine Kinder und Enkel, könnten es sich nicht vorstellen. Maria hatte Aurel das Lied beigebracht, das ihre Familie zusammen mit den anderen Roma in Transnistrien gesungen hatte. Als Aurel es uns vorsingen wollte, kamen ihm die Tränen, und so fuhren sein Sohn Craio und sein Enkel Bilian fort, das Lied von Transnistrien zu singen, und alle hörten ihnen zu. Aurel, der vergeblich versucht hatte, seine Eltern und die ganze Familie aus dem Lager zu retten, hatte nun nicht nur einen Sohn, einen Enkel, sondern auch einen Urenkel und einen Ururenkel von zwei Jahren.

Die Roma der Moldau waren von der Geschichte nicht verschont worden. Schon bald nach ihrer Ankunft in Rumänien im 13. Jahrhundert gerieten die Roma in den Fürstentümern Moldau und Walachei in Leibeigenschaft, die erst nach 1855 aufgehoben wurde. Nach der Befreiung wanderte ein großer Teil der moldauischen Roma Richtung Osten nach Bessarabien, in die Ukraine und nach Rußland aus, während die walachischen Roma sich auf den Weg unter anderem nach Bulgarien, Ungarn sowie Nord- und Südamerika machten. Die vielversprechende Selbstorganisation der rumänischen Roma in den dreißiger Jahren, als die ersten Roma-Zeitungen und Verbände gegründet wurden, wurde schon vom aufflammenden Faschismus überschattet und konnte keine Früchte tragen, zumal Rumänien sich im Zweiten Weltkrieg, schicksalsschwer für die Roma, mit Deutschland verbündete.

Nach dem Zweiten Weltkrieg waren die Roma den Assimilationsversuchen der kommunistischen Regierungen ausgesetzt. Pferdewagen wurden beschlagnahmt, nomadische Roma zwangsangesiedelt, Roma-Gemeinschaften aufgelöst und Familien in ideologisch wertvolle Plattenbauten einquartiert oder an unattraktive Ränder von Städten und Dörfern versetzt, wo sie in Fabriken und Kolchosen arbeiten sollten. Zwar waren alle rumänischen Staatsbürger formell vor dem Gesetz gleich, doch zugleich führte das kommunistische Gleichheitsideal zur Mißachtung der nichtrumänischen ethnischen Minderheiten. Man strebte deren Auflösung und die Verschmelzung aller Bevölkerungsgruppen zur sozialistischen Einheitsnation Ceauşescus an. Offiziell existierten die Roma gar nicht.

Ein Teil der Roma blieb trotz der Assimilationsbestrebungen ärmer als die Mehrheitsbevölkerung, und die Armut wurde besonders in den siebziger Jahren zum sichtbaren Problem. Gleichwohl behaupten viele Roma, das Leben sei unter Ceauşescu besser gewesen. „Für die meisten Roma war das Leben zu Ceauşescus Zeiten tatsächlich besser", sagte Rubina, „es gab Arbeit für alle Roma, das Leben war nicht so teuer, und alle waren gleichberechtigt." Unmittelbar nach der Revolution 1989 begann der alte Haß wieder zum Vorschein zu kommen. Der Rassismus breitete sich aus, und vielerorts waren die Roma gewalttätigen Attacken ausgesetzt. Die Roma waren die ersten, die ihre Arbeit verloren, und die letzten, die eine Neuanstellung bekamen. Besonders die *Rromi rumânizaţi*, die „rumänisierten" oder assimilierten Roma, befanden sich in einer schwierigen Situation.

Im transsilvanischen Tîrnaveni wohnten um die dreißig Familien in einem Haus, das dort, wo einmal Fenster waren, nur dunkle Öffnungen hatte und deshalb in der Nachbarschaft *bloc fantom* genannt wurde. Die meisten Roma, die hier lebten, hatten früher in der Fabrik auf der anderen Seite der Eisenbahngleise gearbeitet, waren jedoch arbeitslos geworden, als eine Betriebsabteilung nach der anderen geschlossen wurde. Nun war nur noch eine Abteilung der Fabrik vorhanden, und unter den Angestellten war kein einziger Rom. Im *bloc fantom* gab es keine Gasheizung, nur Duschen ohne Wasser und Toilettenräume. Der Strom kam mittels einer abenteuerlich installierten Leitung vom Haus auf der anderen Seite des Hofs. Der Ruß aus den Feueröfen hatte über den dunklen Fensteröffnungen schwarze Schweife gebildet, die sich in verschiedenen Formen gegen den Himmel streckten. Im Treppenhaus roch es nach Rauch, und auf einem der langen Gänge war eine Frau dabei, den Boden so eifrig zu wischen, daß das Wasser die Stufen hinuntertropfte. Aus den Zimmern, deren Türen offenstanden, dröhnte Musik; in den Türrahmen schaukelten Tücher im Wind, der durch die Gänge wehte.

Ana Lunca, die einer Frau aus einem Almodóvar-Film glich, wohnte mit ihrem Sohn und ihrer Tochter im dritten Stock. Ihr Mann war nach elf Jahren in der Fabrik arbeitslos geworden, und wie die meisten Bewohner waren sie hier eingezogen, weil sie sich ihre alte Wohnung nicht mehr hatten leisten können. Ana war die Assimilation einst eine wichtige Sache gewesen. „Ich habe sogar mit meinen Kindern nur Rumänisch gesprochen, damit sie es in der Schule leichter haben", sagte sie. „Erst später habe ich mich darüber geärgert, daß sie kein Romani sprachen, und den Wert der eigenen Sprache erkannt." Neben ihrem Ofen stand ein Korb Tannenzapfen, mit denen Ana Feuer machte, um das Zimmer zu wärmen und Essen zu kochen. Ihr Mann war im Gefängnis, weil er Holz aus dem Wald geholt hatte. Dafür bekam man drei Jahre.

★

SOBALD ES WÄRMER WURDE, zogen die *Calderari, Rudari und Chorachai*-Roma los, um in den Dörfern Metallarbeiten zu verrichten oder Stoffe, Holz und andere Waren zu verkaufen. In Pătrăuți nahe der ukrainischen Grenze standen zwei interessant geformte Zelte; dicht daneben ein roter Kleinbus. Hier hatten sich Maria, Ioan und Cesar Stănescu, Calderari (Kesselflicker) aus Salcea, für den Sommer niedergelassen. „Wir verbringen seit dreißig Jahren die Sommer hier", erzählte Ioan, „die Dorfbewohner warten auf uns, und noch gibt es genug zu tun." Zwei Wochen zuvor hatten wir sie in ihrem Dorf getroffen, wo viele Roma dabei waren, ihre Zelttücher zu flicken. Nun hatten Maria und Ioan die Jahr um Jahr ausgebesserten und umgenähten Tücher über Äste gespannt, die sie in der Nähe gefunden hatten, und sich mit überdimensionalen roten Kissen und Bettdecken in den Zelten gemütlich eingerichtet. In einer Ecke war eine kleine Küche installiert worden; die Küchenutensilien hingen in einer Reihe direkt an der Zeltwand. Dort prangte auch eine jener riesigen Armbanduhren, die in vielen Ländern zur beliebten Wanddekoration geworden sind. Den roten Kleinbus hatte ihnen ein Waldarbeiter gebracht. Sie sollten ihm daraus einen Țuicabrenner für den rumänischen Schnaps, zwei Schalen und für den Rest Nägel machen.

An einem Feldweg am Rande von Bolintin Vale – dort, wo Anfang der neunziger Jahre der rassistische Pöbel von Roma bewohnte Häuser niederbrannte und mehrere Menschen ums Leben brachte – stand Elena Burula, ein Mädchen von zwanzig Jahren, neben ihrem Pferdewagen in der Sonne und sah zu, wie ihr Pferd graste. Elena hatte sich mit ihrem Wagen hinter die anderen Pferdewagen auf dem Feldweg eingereiht, auf dem die Rudari in Erwartung des wöchentlichen Markttages die Nacht verbrachten. Auf dem Markt würden sie Holzlatten erwerben, die sie dann im Laufe der Woche in den umliegenden Dörfern verkaufen wollten. Die Rudari sprachen kein Romani und wurden von jenen Roma, die des Romani mächtig waren, auch *kaștalé* (von Romani *kașt*, „Holz") genannt. Elenas Wagen war mit weißen Spitzen dekoriert und hatte einen kleinen Gasofen. Im hinteren Teil des Wagens waren geblümte türkische Decken übereinandergestapelt. Von Mai bis September war dies Elenas Zuhause. Sie war schon als Kind umhergereist, doch die Familie hatte das Reisen aufgeben müssen, als ihre Mutter starb. Seit Elena vor vier Jahren geheiratet hatte, reiste sie wieder, doch ihrer Meinung nach war das Reisen anstrengender geworden. „Früher waren wir nur zwei, drei Wochen im Pferdewagen unterwegs, dann fuhren wir wieder nach Hause", sagte sie. „Jetzt müssen wir mehr Geld verdienen, um durch den Winter zu kommen, und sind den ganzen Sommer unterwegs, ohne zwischendurch nach Hause zu fahren." Im Kommunismus war die Reisefreiheit eingeschränkt, und es war nicht immer möglich, an die gewünschten Orte zu reisen. Nun gab es zwar diese Restriktionen nicht mehr, doch dafür war seit kurzem den Pferdewagen die Einfahrt nach Bukarest verboten. „Sie finden, daß wir die Straßen zu sehr zumisten", so Elena. Roma auf Pferdekutschen gehörten nicht zum Bild, das die rumänische Hauptstadt in Erwartung der Mitgliedschaft in der Europäischen Union von sich zu geben wünschte.

★

UNTER DER BRÜCKE VOR CLEJANI sprangen Kinder in den Fluß, in schwarzen Pfützen auf den Feldern surrten und klapperten Ölpumpen, und hinter den Häusern schnatterten Gänse. In der letzten Straße vor den Feldern, der *Strada Lăutarilor*, der Straße der Musiker, war Aurelia aufgewachsen. Sie lebte nun in Berlin, wo wir uns kennengelernt hatten und Freunde geworden waren. Aus vielen Häusern war Musik zu hören, mitunter Rufe,

die auf Musikunterricht hindeuteten. „*Mai repede!* Schneller!"
rief Aurelias Großvater seinem Enkel Ștefan, Aurelias sieben-
jährigem Bruder, zu. Dieser saß mit einer Harmonika, die fast
so groß war wie er selber, auf der Bettkante und drückte seine kleinen Finger kräftig auf die Tasten. „*Așa!* So!" Nicolae
Neacșu klopfte mit seiner Faust den Takt auf dem Tisch, daß
das Wasserglas in die Luft sprang. Großvater Neacșu hatte sein
ganzes Leben lang Musik gespielt. „Als mein Vater starb, sorg-
te meine Mutter allein für mich", erzählte er. „Sie kaufte mir
mit ihrem selbstverdienten Geld meine erste Violine." Später
war Neacșu viel mit dem Ensemble *Taraf de Haïdouks* unterwegs gewesen und hatte eine Wohnung in Bukarest gekauft,
war aber immer wieder in sein Haus in Clejani zurückgekehrt.
Nun lag sein Hut zusammen mit einem alten Koffer auf dem
Schrank. Durch das Fenster fiel Licht von der Straßenlaterne,
die er selbst hatte installieren lassen. Von seinem Zimmer aus
konnte er sie an- und ausknipsen.

Eines Tages kündigte Neacșu an, er würde am Abend für
uns spielen. „Und ihr gebt mir dafür *bakschisch*", sagte er, „das
ist Tradition." Gegen Abend kamen Nachbarn unter den Wein-
reben im Hof zusammen. Neacșu saß auf einem Plastikstuhl auf
dem Hof, legte sich die Violine ans Kinn, zog an dem daran
befestigten Pferdehaar, das einen rostigen Ton zustandebrachte,
und begann zu singen: „Am 22. dieses Monats ist hier die Zeit
eingekehrt, in der auch wir wieder leben können." Die *Balada
Conducătorului*, die Ballade vom Diktator, hatte er geschrieben,
nachdem er die Aufstände von Timișoara im Dezember 1989 im
Fernsehen gesehen hatte. Neacșus Sohn, Aurelias Vater Țagoi
und Nicolae Manole, ein Nachbar, der mit seiner neuen Harmonika vorbeigekommen war, setzten sich dazu und begannen,
mit Neacșu zu spielen. So saßen sie, beobachtet von den neu-
gierigen Augen der Kinder, die sich über das Hoftor lehnten,
und spielten, bis es über dem Hof zu gewittern begann und die
ersten Regentropfen fielen. Schließlich, als es heftig zu schütten
begann, verschwanden die Leute wieder vom Hof, um sich in
ihre Häuser auf der Strada Lăutarilor zu retten.

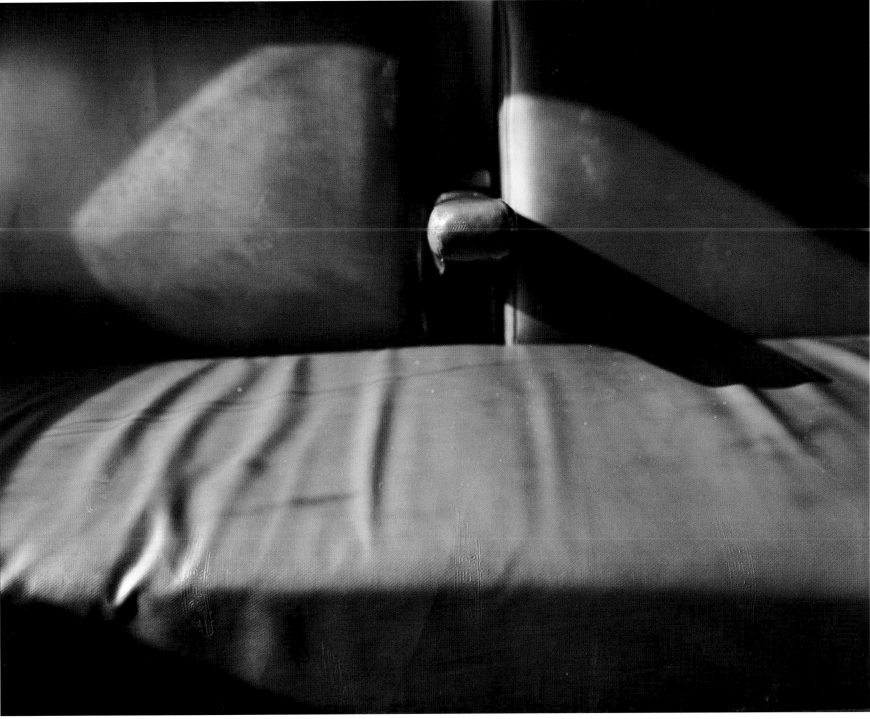

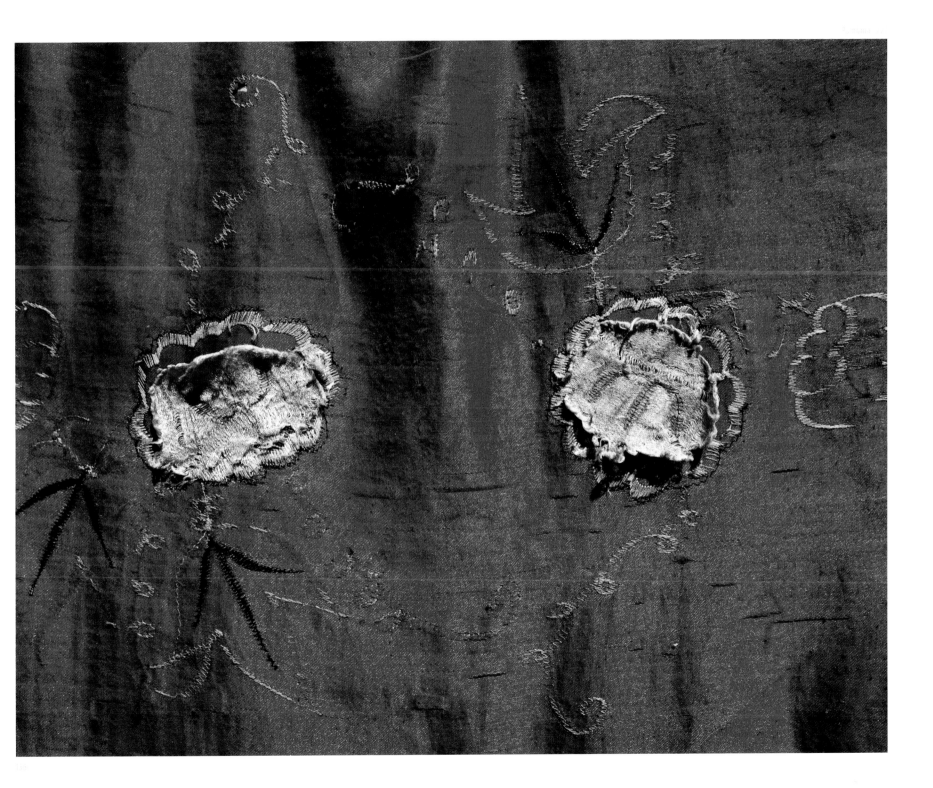

Frankreich *Frànca

Belgien

Ärmelkanal

Luxemburg

Frépillon
●
Paris ●● St. Denis

Deutschland

Schweiz

Biskaya

Italien

● Arles

Saintes Maries-de-la-Mer ●
● Marseille

Golfe du Lion

Perpignan ●
Côte d'Azur

Spanien

Saint-Jacques

EIGENTLICH WAREN DIE SCHMALEN GASSEN des *Quartier Saint-Jacques* zu eng für Kraftfahrzeuge. Sie waren einspurig, steil und außerdem schon anderweitig in Gebrauch. Stühle standen auf den Straßen, Kinderwagen, Möbel, Sofas und, wenn es richtig heiß wurde, sogar ein aufblasbares Schwimmbecken mitten auf der Kreuzung. Trotzdem rollte ab und zu ein breiter Wagen in erschreckend gleichbleibender Geschwindigkeit die *carrers*, wie hier die Gassen hießen, hinab, um sich an der nächsten Ecke auf die folgende Gasse hinüberzumanövrieren, denn diese stießen hier in rechten Winkeln aufeinander. Kinder, die gerade noch den Ball hatten einfangen können, drückten sich gegen Hauswände, und ältere Damen, die stets einen Stuhl bei sich hatten, auf dem sie vor den Hauseingängen mit ihren Nachbarn zusammen aßen, nickten den Fahrern in ihren deplazierten Vehikeln zu, ohne ihre Unterhaltung zu unterbrechen. Sie rückten nur ab und zu ihre Stühle aus der heißen Sonne in den Schatten.

Die Straßen des Quartier Saint-Jacques schienen eine Erweiterung der schmalen Häuser zu sein. Als Fremder fühlte man sich manchmal, als sei man in ein großes privates Wohnzimmer eingedrungen. Türen und Fenster standen offen, und im ganzen Viertel war Geschirrklappern, Musik und das Piepsen der Vögel, die in kleinen Käfigen vor den Fenstern hingen, zu hören. Auf Leinen zwischen den Häusern hing Wäsche, und Mütter lehnten sich über die Blumenkörbe aus den Fenstern, um mit den Nachbarn gegenüber zu plaudern oder den Kindern und Hunden auf der Straße zuzurufen, welch letztere auf Namen wie Pepa, Bouba oder Chico hörten.

„*Allô!*" Aus einem Fenster, aus dem laute Flamenco-Musik ertönte, ragten zwei Köpfe hinaus. „*Allez-y, venez!*" Durch das Treppenhaus wehte ein warmer Wind. Eine Steintreppe führte hinauf in die lichte Wohnung, in der sich die Familie Cargol-Martinez um einen großen ovalen Tisch versammelt hatte. Die beiden Köpfe erwiesen sich als die von Kelly und Valérie. Jeanne, die Mutter, sah sehr jung aus. „Bei uns trinken und rauchen die Frauen nicht, *ce n'est pas beau*", erklärte sie mit ernsthafter Miene.

Die Familie Cargol-Martinez war, wie die meisten Leute, die im ehemals sephardisch-jüdischen Viertel von Perpignan um die Carrer dels Jueus herum lebten, *Gitans catalans*. Die *Calé* oder Gitans (französische Form von *Gitanos*, abgeleitet von *Egiptianos*, welches Wort sich wiederum dem Mißverständnis verdankt, die Roma seien Ägypter) waren Nachkommen der Roma, die seit Ende des Mittelalters auf der iberischen Halbinsel lebten. Schon bald nach ihrer Ankunft wurden die Roma unter Androhung harter Strafen gezwungen, innerhalb von sechzig Tagen seßhaft zu werden. Mehrmals wurde ihnen die Benutzung des Romani verboten, zuerst 1633 unter Philipp IV., der behauptete, die *Gitanos* seien eigentlich Spanier, die eine eigene Sprache erfunden hätten. 1749 wurde „die große Razzia" gegen die Gitanos durchgeführt, bei der Männer und Frauen getrennt, eingesperrt und zur Zwangsarbeit verpflichtet wurden. Da jedoch viele Dörfer plötzlich keine Bäcker und Schmiede mehr hatten, wurden sie bis 1765 wieder befreit. Als 1783 unter Carlos III. das Romani erneut verboten wurde – diesmal unter Gewährung von Mitbürgerschaft für die Roma, die nun vollkommen assimiliert werden sollten –, flüchteten zahlreiche Gitanos in den Süden Frankreichs.

Valérie zeigte uns ein Video von der Hochzeit ihrer Cousine in Barcelona. Ein einziges Mal waren sie in Spanien gewesen, sonst seien sie nur in Frankreich, erzählte sie. Sie hätten Angst, ins Ausland zu fahren. „Wir sprechen ja die Sprache nicht", erklärte Jeanne und schwenkte ihre Faust mit ausgestrecktem Daumen und kleinem Finger vor ihrem Mund hin und her, was soviel bedeutet wie „ich weiß nicht". Und doch waren sie des Französischen, Spanischen und Katalanischen mächtig. Als Resultat der spanischen Politik hatten die Gitanos das Romani verlernt und statt dessen das dem Spanischen ähnliche *Calé* entwickelt. Außer einigen älteren Einwohnern von Perpignan waren die Gitans die einzigen, die das Katalanische am Leben erhielten.

Valérie und Kelly waren zur Schule gegangen, bis sie sechzehn waren. „In die französische Klasse, zusammen mit den

Arabern und den Franzosen", sagte Kelly. Sie hatten sich gut miteinander verstanden, doch nach der Schule verloren sich die Kontakte. Kelly hatte einen Sohn bekommen – ein Kind, fand sie, sei genug – und kümmerte sich um die Familie. Cathy, die auch zu Besuch war, hatte ihre jüngste Tochter zum Essen zu ihrer Mutter gebracht, die in der Nähe wohnte. Wir standen am Fenster und schauten hinaus über die Dächer von Saint-Jacques: „*Ma mère habite là, ma grand-mère là-bas, ma cousine là...*, meine Mutter wohnt dort, meine Großmutter dort, meine Cousine da drüben", sagte sie und schwang ihren Zeigefinger in immer neue Richtungen. Ihr Mann arbeitete in der Gemeinde, Cathy war mit dem Kind zu Hause.

Jeanne war der Meinung, die Familie sei heilig. „*La famille est sacrée*", sagte sie immer wieder, schnitt sich symbolisch die Adern am Handgelenk auf und rieb sie aneinander: „Es ist dasselbe Blut." Es gab mehrere solcher Gesten in Saint-Jacques. Trinken wurde durch den Daumen angedeutet, der gegen den Mund gekippt wurde, als sei er ein Glas, und als Cathy uns anbot, mit ihr nach Hause zu kommen, klopfte Jeanne sich mit der rechten Hand auf den linken Unterarm, dessen nach oben gekehrte Handfläche sie dabei winken ließ. Das war eine Aufforderung, mitzugehen.

Wir folgten Cathy durch das Viertel. Auf der *Place du Puig* saßen ein paar Männer im Schatten der Bäume zusammen und unterhielten sich; im Baum über ihnen hing ein Vogelkäfig. Auf einer Bank ein Stück weiter weg nahmen zwei Frauen ein Fußbad in roten Wannen. Mitten auf der *Rue du sommeil* stand Vincent Pubill und schrubbte mit einer grobborstigen Bürste eine Kommode. Er schrubbte, spritzte sie mit einem Wasserschlauch ab und schrubbte dann mit bewundernswerter Geduld weiter. Vincent Pubill war *brocanteur*, Antiquitätenhändler. Die Kommode hatte er am Vortag erstanden, und das Restaurieren würde drei Tage in Anspruch nehmen, denn die Kommode mußte geputzt, gebeizt, geschliffen und neu lackiert werden. Sobald sie zu seiner Zufriedenheit restauriert war, würde er das Möbel auf sein kleines Auto spannen und, *porte à porte*, versuchen, es wieder zu verkaufen. So hatte er es vor vielen Jahren von seinem Onkel gelernt.

Die Hausmauern von Saint-Jacques waren voller Botschaften: Namen, Liebeserklärungen, beinahe Gedichte; an einer Tür auch das Akronym für die rechtsextreme *Front National*. Die *Carrer Llúcia*, früher *Carrer gran de Sant-Jaume*, die sich mit ihren vielen arabischen Läden und Restaurants bis hoch zur *Place de Cassanyes* zog, teilte das Viertel in zwei Hälften. In den sechziger Jahren waren algerische Immigranten in das Viertel gezogen, und nun war Saint-Jacques sowohl von Gitans als auch von Menschen algerischer, marokkanischer und tunesischer Herkunft bewohnt. „*Bien fréquenté*, gut angesehen", wie Paco, ein älterer Bürger von Perpignan, sich ausdrückte, war das gitan-arabische Viertel am Hang über der Stadt nicht. Überdurchschnittlich viele Stimmen waren bei den Präsidentschaftswahlen 2002 in Perpignan auf Le Pen entfallen.

Im *Oriental Djerba*, wo Araber und Franzosen ihre *lentilles* aßen, mußte der arme Besitzer sich jeden Tag mit starrsinnigen Leuten auseinandersetzen, die zum Essen unbedingt Wein trinken wollten und ab und zu dreist eine eigene Flasche öffneten, so daß er eingreifen mußte: „*Non, non, ça ne va pas. Les mêmes règles pour tout le monde*, die gleichen Regeln für alle." Hier, wo Männer beim Tee zusammensaßen und dazu ein Stück *baklava* genossen, lief auf dem Fernsehapparat immerzu *Al-Dschasira*. Auf dem Bildschirm flimmerte die Aussage eines interviewten Palästinensers vorbei: „*I believe that we can live together with the Jews.*"

Auf Brusthöhe schwang uns auf einer der *carrers* plötzlich ein Korb entgegen, der aus einem Fenster an einer mehrfach geknoteten Kordel herabhing. Die meisten Häuser gehörten hier jeweils einer Familie, deren verschiedene Generationen sich auf die zwei, drei Stockwerke verteilten. Lola Moreno, eine ältere Dame, schaffte es nicht mehr, die vielen Treppenstufen hinauf- und hinabzugehen. Sie hatte gerade mit ihrem Neffen David getauscht. Nun wohnte er im dritten Stock, ihre Schwester im zweiten und sie selbst *rez-de-chaussée*. An der nächsten Ecke kippte jemand einen Eimer Wasser vor uns auf die Straße. Der Mann, der uns entgegenkam und dies sah, streckte seine Arme weit aus, schaute in den Himmel und rief: „*Saint-Jacques!*" Mit einem breiten Grinsen im Gesicht.

Schließlich kamen wir am anderen Ende der Carrer Llúcia an den Bauarbeitern vorbei, die bis zu ihren Knien in einer lehmigen Wassergrube standen – „*Là, ils ont cassé l'eau*", sagte Cathy, „sie haben die Wasserleitung zerstört" –, und traten in ein neu gekacheltes, kühles Treppenhaus. Cathys Wohnung war genauso hell wie die der Familie Cargol-Martinez und zudem außerordentlich leer. Die Küche war ein hoher weißer Raum mit französischen Fenstern; Kühlschrank, Mikrowelle und Gefriertruhe standen einzeln an der Wand. Die gesamte Wohnung war gekachelt, und in jedem Zimmer standen ein großes Bett und ein Vogelkäfig. Im Käfig im Schlafzimmer lagen sogar zwei Eier im Nest. „Schau, sie haben es sich aus den Wollfäden gebaut, die ich auf den Käfigboden gelegt habe", sagte Cathy.

Die Gitans schienen Vögel zu mögen. „Es ist wie eine Regel bei den Gitans", stellte Cricri, eine aufgedrehte Zwölfjährige, fest: „Alle müssen Vögel haben, einen kleinen Hund, Kinder, ein Haus, einen Mann, eine Frau, *la gentillesse...*" „*Elle est folle*, sie ist verrückt", unterbrach Asún, ihr etwa gleichaltriger Freund, sie. Er kreiste auf seinem Tretroller um einen rostigen Nagel herum, der auf dem Asphalt lag, und rollte dann die *Carrer d'en la son*, die Straße des Schlafs, hinab.

Interdit aux nomades

BÉATRICE DREHTE SCHON die fünfte Runde in einem Kreisel weit außerhalb von Paris, die eine Hand am Telefon: „Wo seid ihr?" Sie las laut die verschiedenen Ortsnamen von den Straßenschildern ab. „*Ah, voilà*", und steuerte den Kleinbus in eine der Ausfahrten. So begann ihr Arbeitstag öfter. Sie war auf der Suche nach ihren Schülern, die sich jede Woche an einem anderen Ort befinden konnten. Béatrice war Lehrerin der ASET, der *Association pour l'aide à la scolarisation des enfants tsiganes*, die seit 1969 den Unterricht der Kinder der *Gens du voyage*, der „Reisenden", in mehreren Départements Frankreichs organisiert.

Für die *Gens du voyage* war es zunehmend schwieriger geworden, einen Stellplatz für die Wohnwagen zu finden, und so wurden sie von Jahr zu Jahr in größere Entfernung zu Paris getrieben. „Seit ich hier arbeite, fahre ich immer weiter raus!"

beschwerte sich Hervé, einer der Lehrer der *école mobile*, der „mobilen Schule". „Da, schau", Hervé zeigte auf die rot-weißrandigen Straßensperren, die an unzähligen Feldwegen und Parkplätzen in Frankreich angebracht waren und den Wohnmobilen die Zufahrt verwehrten: „*hauteur limite 1,80m*". Öffentliche Stellplätze, *terrains municipaux*, gab es nicht genügend, obwohl es mit dem *loi Besson* von 1990 allen Gemeinden von mehr als 5000 Einwohnern vorgeschrieben war, den Reisenden einen solchen bereitzuhalten. Campten die Familien *en sauvage*, wild, wurden sie so schnell wie möglich wieder vertrieben. „An einem Ort können sie gewöhnlich nicht länger als drei Wochen bleiben, oft kürzer", so Hervé.

Nach mehreren Runden in der menschenleeren Autobahnlandschaft jenseits der Pariser *banlieues* fanden Béatrice und Hervé ihre Eleven. Etwa sechzig weiße Wohnmobile waren auf einer Wiese geparkt, die durch einen Abhang von der großen Straße getrennt war. Die Kleinbusse – fahrende Klassenzimmer mit Tischen, Stühlen, einer Tafel und Unterrichtsmaterialien – verschluckten schnell die herbeiströmenden Kinder mitsamt ihren Lehrern, um sie erst ein paar Stunden später wieder auszuspucken. Auf das Gras und die blendend weißen Dächer der *caravanes* prallte die Sonne.

Hier war man noch mit dem allmorgendlichen Großputz beschäftigt. Die Bettwäsche hing zum Lüften über Klappstühlen, und eine dicke rosafarbene Decke lag zusammen mit einem grünen Teppich auf einer Motorhaube. Abou Winterstein war dabei, seinen roten Kleinbus zu waschen. „Morgens waschen und kochen wir, und nach dem Essen machen wir uns schön für den Abend", wußte die Familie Winterstein zu berichten. Sie hatten die halbe Einrichtung des Wohnmobils auf die Wiese getragen, und auf dem Gasherd in einer weißen Metallkiste köchelte das Gericht des Tages in einem großen Bottich. Als es plötzlich aus heiterem Himmel zu regnen begann, wurden die Sachen schnell wieder ins Wohnmobil geschafft. Nur Messer und Käse lagen noch auf dem Plastiktisch, und so rief Tuju ihrer Tochter Prune zu, sie solle das Messer hereinholen, und den Käse auch: „*Et le fromage avec!*"

Die *Manouches* (von *manush*, Sanskrit für „Mensch") hatten längere Zeit in den deutschsprachigen Ländern verbracht, bevor sie nach Frankreich kamen, und ihre Sprache ist vom Deutschen beeinflußt. Sie sind mit den Sinti Mitteleuropas und Italiens verwandt und besonders zahlreich im Elsaß. Früher waren die Manouches vor allem für das Flechten von Rattanstühlen bekannt, doch heute arbeiten sie auch als *ferrailleurs* (Schrottsammler) und Markthändler. Die Erwerbsarbeit vieler Manouches ist saisonabhängig; so reisen sie zur Obsternte in den Süden Frankreichs oder zur Weinlese in die Bordeaux-Region. Einige Familien legten sich nach einem heftigen Sturm in Frankreich eine Säge zu und verdienten sich ihr Brot durch das Zerkleinern umgestürzter Bäume.

Tuju Wintersteins Wohnwagen sah aus wie neu. Selbst die Plastikfolie auf der Sitzecke war nicht einmal abgezogen worden, um die Sofagarnitur vor Verschleiß zu schützen. Schuhe und Schlappen ließ man neben dem kleinen Schemel vor dem Wagen stehen. Tuju hatte drei verschiedene Wasserschalen: eine für das Geschirrspülen, eine für das Säubern des Wohnwagens und eine für jenen Hocker, der als Treppenstufe zum Wohnwagen diente. Die Schalen durften nie für andere Zwecke benutzt werden. Diese Reinlichkeitsregeln waren den Manouches sehr wichtig. Auch einige Kleidungstücke sollten immer separat gewaschen werden.

Sandrine saß vor ihrem Wagen und wendete die winzigen Strampelanzüge ihres sechs Monate alten Babys in einer kleinen Wanne, die vor Schaum fast überquoll. „In der Waschmaschine sind Mikroben", erklärte sie, „das ist nicht gut fürs Baby." Alle übrigen Wäschestücke wurden in der Maschine gewaschen, für die einige Familien sogar separate Wagen hatten. Dort standen Waschmaschine und Wäschetrockner aufeinander neben Wassertank und Persilpaket, und der gesamte Wagen konnte als mobile Waschküche einfach an das Auto angehängt werden. Sandrine reiste mal zusammen mit ihren Eltern, mal mit ihren Schwiegereltern. Früher waren sie in kleinen Gruppen von zwei, drei Pferdewagen von Ort zu Ort gezogen, wo sie jeweils einige Zeit verbrachten. Micheline, eine ältere Dame, erinnerte sich, drei bis sechs Wochen an einem Ort geblieben und dort sogar in die Schule gegangen zu sein. „Die anderen Schüler hänselten uns, aber wir scherten uns nicht darum und gingen trotzdem hin." Heute, da es nahezu unmöglich war,

Stellplätze zu finden, trauten sich die Manouches kaum, auf gut Glück loszufahren. So mußte sich einer von ihnen immer auf die Suche nach einem neuen Ort machen und dann den Rest der Reisenden nachholen. „Heutzutage kommen zwanzig Wohnwagen und bleiben so lange wie möglich", so Daniel Elzière, Lehrer der *école mobile* in Perpignan, „das heißt, bis sie wieder vertrieben werden."

Seit dem *loi Sarkozy* von 2003 droht den *Gens du voyage*, die ohne Genehmigung in Gemeinden parken, in denen es einen offiziellen Stellplatz gibt, eine hohe Geldstrafe, ein halbes Jahr Gefängnis sowie die Konfiszierung des Autos samt dreijährigem Führerscheinentzug. Jean Vrain zufolge, dem Koordinator der ASET bis 2003, würde diese Gesetzgebung dazu führen, daß die Hemmschwelle vor dem Umherreisen noch größer werde und die Manouches nach und nach das Reisen ganz aufgeben müßten. „Es ist ein Mittel, sie seßhaft zu machen", meinte auch Hervé. Den Manouches, deren Arbeit eine gewisse Mobilität voraussetzt, würde die Berufausübung erheblich erschwert.

Diese Art von Gesetzgebung, die sich zwar nicht explizit gegen die Roma, aber eben gegen alle Reisenden in Frankreich richtet, ist nicht neu. Als nach der Abschaffung der Leibeigenschaft viele Vlach-Roma nach Westeuropa kamen und sich plötzlich mehrere verschiedene Nomadengruppen in Frankreich befanden, wurde eine neue Regelung erlassen. Laut Gesetz vom 16. Juli 1912 mußten Nomaden einen „anthropometrischen Ausweis" (*carnet* oder *livret anthropométrique*) mit sich führen, in dem unter anderem ihre Fingerabdrücke und Körpermaße sowie die Länge des rechten Ohrs verzeichnet waren. Diese Sonderregelung wurde erst 1969 abgeschafft, jedoch ersetzt durch eine Vorschrift, derzufolge Personen, die einen Wohnwagen als festen Wohnsitz angeben, ein *carnet de circulation* zu tragen haben, das sie alle drei Monate bei der lokalen Polizei erneuern lassen müssen.

Es war Mai, und Tuju Winterstein pflückte Maiglöckchen, um sie auf dem Markt zu verkaufen. Die Manouches hatten sich an einem Waldrand außerhalb von Paris niedergelassen, und der Grundbesitzer war gekommen, um sie von seiner Wiese zu verscheuchen. Tuju stellte sich die ewig wiederkehrende Frage: „Wo sollen wir nun hin?" Auf einen offiziellen Platz wollten sie nicht. „Dort ist man gezwungen, mit Menschen auf engem Raum zusammenzuleben, die man nicht unbedingt als Nachbarn haben möchte“, sagte sie. Bei älteren Manouches, die die Internierung der Nomaden in Frankreich im Zweiten Weltkrieg miterlebt hatten, sind die *terrains municipaux* besonders unbeliebt. Die Stellflächen sind von einem hohen Zaun umgeben, und mancherorts steht am Eingang ein Wächter.

If I was a Rich Man

NADIA STAND MIT AUSGESTRECKTER HAND in einer Ecke vor *Sacré-Cœur,* während Pulks von Besuchern sich an ihr vorbei in die Basilika hineindrängelten. Die Leute wichen ihr mit den Blicken aus und bemühten sich, wenn sie ganz dicht an ihr vorbeikamen, darum, so zu tun, als gäbe es sie nicht. Plötzlich stürzte Nadia mit den Händen um den Kopf die Stufen hinab und zum Tor hinaus, während der Wächter ihr rufend und mit erhobenem Arm folgte, um erst an der Mauer wieder umzukehren. Nadia ging ein Stück die Straße an der Mauer entlang und setzte sich auf einen Sockel vor dem Zaun, von wo aus sie den Passanten ihre kleine Hand entgegenstreckte. Nadia kam aus Bukarest und hatte eine längere Zeit in Frankreich gelebt. Sie war im siebten Monat schwanger und hatte drei Töchter, Larissa, Narcissa und Gabriela. Larissa, die Älteste, ging in die Schule und hatte Französisch gelernt. „Sie übersetzt mir, was ich nicht verstehe“, sagte Nadia. Ein Tag konnte Nadia fünf bis sechs Euro einbringen. „Größtenteils sind es die Touristen, die etwas spenden“, sagte sie. „Die Pariser kennen mich schon, sie geben zwei, drei Mal, dann ist *gata,* genug.“

Roma aus Osteuropa waren nach der Aufhebung der Sklaverei, nach der Oktoberrevolution und nach dem Aufstand in Ungarn 1956 nach Frankreich gekommen. Auch unter den Rumänen, die seit der Revolution von 1989 nach Westeuropa ausgewandert sind, finden sich Roma, die der Aussichtslosigkeit und der systematischen Diskriminierung, der sie in Rumänien ausgesetzt sind, entkommen möchten. Im Vergleich zu den rumänischen Nicht-Roma zwar von geringerer Anzahl, sind sie umso sichtbarer. Viele haben sich in Baracken oder abgenutzten Wohnwagen in den Vororten niedergelassen, wo sie ständig damit rechnen müssen, vertrieben zu werden. So wurden unter anderem die Wohnwagen der rumänischen Roma, die in Achères nordöstlich von Paris lebten, 2003 von einem Lastwagenkran regelrecht aufgeschaufelt und mit allem, was darin war, zerstört.

Nadia lebte seit zwei Monaten in Saint-Denis, war jedoch einige Tage zuvor vertrieben worden. „Die Polizei kam mit ihren Wagen und verjagte uns“, erzählte sie. „Nun haben wir etwas weiter außerhalb Quartier bezogen, doch die Verbindungen von dort aus sind schlecht“, bedauerte Nadia. „Larissa kann nun nicht mehr in die Schule gehen.“

Saint-Denis ist ein Pariser Vorort, dessen Einwohner überwiegend maghrebinisch-afrikanischer Herkunft sind. Läden, in denen bunte Decken und getrockneter Fisch, Maniok und Kochbananen in Pappkartons angeboten werden, wechseln sich an den Straßen ab mit Boutiquen, die mit den günstigsten Telefontarifen nach Übersee werben.

In Saint-Denis hatte sich einst eine Gruppe Roma einige Wochen lang aufgehalten, der im August 1427 vor den Toren von Paris der Zugang zur Stadt verwehrt worden war. Die Roma hatten damals stattdessen die Genehmigung bekommen, sich bei Saint-Denis niederzulassen, und somit Neugierige aus der Umgebung angelockt.

Ein Stück hinter der *Avenue Président Wilson* gab sich eine kleine Siedlung von Baracken und Wohnwagen zu erkennen, die von Erdhügeln, Eisenbahnviadukt und Autobahnbrücke umgeben war. Einige der Wagen paßten genau in die Viaduktbögen, andere standen im Schutz der Autobahnbrücke, unter der es unangenehm laut war. Einige der ramponierten Wohnmobile waren durch phantasievoll dekorierte Bretterverschläge erweitert worden, denen ausrangierte Türen und Fenster als Wände dienten. Auf der Straße vor den Behausungen lagen bunt gemusterte Teppiche, davor saßen Leute in ausgedienten Sesseln und auf leeren Getränkekisten. Einem Mann wurde soeben der Kopf rasiert, einem alten Auto der Motor gewechselt. Aus einem Rekorder dröhnte die optimistische *manele*-Musik des rumänischen Romastars Nicolae Guţa.

Viorel aus Tulcea saß mit einigen anderen Männern vor seinem Wohnwagen und spielte Schach. Die Männer arbeiteten als Träger von Baumaterial und warteten auf ihren Arbeitgeber, der früher oder später auftauchen würde, um sie abzuholen: „Nach dem Morgenkaffee, nach dem Mittag- oder Abendessen", wie Viorel sagte.

Einige zogen gegen Nachmittag los, um in Paris zu spielen oder zu betteln, andere kamen nun schon zurück, so wie Filandra und ihr Mann Stoian, der seine Harmonika auf dem Rücken trug. Ein wenig später, als wir ihre Baracke besuchten, saß Filandra mit ihrer Nachbarin vor dem Bretterverschlag und trank rumänischen Kaffee. Waagerecht hinter ihnen hing eine Spanplatte mit einem Graffito der Freiheitsstatue. Filandra und Stoian kamen aus Timişoara und hatten den ganzen Tag in der Métro gespielt. Sie wollten nach ein paar Wochen wieder zurück nach Rumänien fahren, wo sie ein Haus hatten, aber keine Arbeit. „Hier haben wir etwas zu essen, in Rumänien nicht", sagte Filandra schlicht. Stoian war erschöpft. Seine Jacke hing an einem Haken an der Wand, die Harmonika stand auf einer Kommode. Er selbst lag in voller Montur im Bett und schlief, tief ein- und ausatmend.

Dumitru hatte drei Jahre beim *Cirque Tsigane* gearbeitet, der damals noch an der *Place de Clichy* lag. Danach hatte er sporadisch auf Hochzeiten und Konzerten gespielt. Nun stand er mit seinem Zimbal an der *Métro Bastille*, CD-Spieler, Verstärker und Akku wild auf einem Wägelchen aufgebaut, und spielte Tewjes *If I was a Rich Man*.

Dumitru wohnte in einer kleinen Wohnung im Barbès-Viertel. Seine Tochter war in Frankreich geboren, sein vierzehnjähriger Sohn würde im September das Studium am Konservatorium aufnehmen. „Beide sprechen fließend Französisch und sind hier zur Schule gegangen", sagte er. Gern wollte er sich integrieren und Teil der französischen Gesellschaft werden, doch das sei schwierig. Während er spielte, kamen Florin und Marinel aus Iaşi vorbei und blieben ein wenig stehen, um Dumitru zuzuhören. Sie selbst spielten Waldhorn in der Linie 1. Die beiden waren drei Monate in Frankreich gewesen und würden, wie sie sagten, am folgenden Tag wieder nach Hause fahren. Marinel war ausgebildeter Jurist, hatte aber in Rumä-

nien nie Arbeit bekommen. Florin hatte am Konservatorium studiert, doch die Situation in Rumänien war, wie er sagte, *pa mînt*, am Boden.

Sie tanzten ein wenig zur Musik, applaudierten und verschwanden in den Gängen der Métro Bastille – Marinel seinen Wagen, auf dem Lautsprecherboxen mit Klebeband festgebunden waren, hinter sich herziehend, Florin mit seinem Waldhorn über der Schulter.

Rußland *Rùsia

Moskau

Norwegen

Barentssee

Finnland

Weißes Meer

Finnischer Meerbusen

• Peri

• Sankt Petersburg

Estland

• Pskow

• Tschudowo

• Nowgorod

Lettland

• Rubilowo

Europäisches Rußland

Asiatisches Rußland

Weißrußland

• Moskau

• Tula

Kosaja Gora •

• Sowetsk

Ukraine

• Wolgograd

Asowsches Meer

Kasachstan

• Krasnodar

Schwarzes Meer

Kaspisches Meer

Georgien

Aserbaidschan

Jablotschni spas

GOSCHA MALTZEW SASS im weißen Unterhemd am Küchentisch und rauchte. Über ihm sirrte der Ventilator. Es war der Tag des *Jablotschni spas*, des Apfelfests, und wir tranken schwarzen Tee mit frischen Apfelstücken, *tschaio romanó*, wie Mascha sagte. Sie hatte heute sogar Äpfel in die Kirche gebracht. Mascha war gerade nach Hause gekommen und holte, trotz unserer Proteste, Brot, Aufschnitt und Salzgurken hervor. „Als Hausherr muß ich dafür sorgen, daß der Tisch gedeckt ist", sagte Goscha, „ob ihr essen wollt oder nicht, ist eure Sache." Die Kinder, Mischa und Nelia, malten noch im grellen Licht der Küchenlampe mit dicken Stiften auf Papier, das an der geblümten Wachsdecke haften blieb.

Goschas Familie wohnte in einer stillen Ecke von Sowetsk. Hinter dem roten Ziegelsteinwohnblock erstreckten sich nur öde Flächen mit ein paar Grasbüscheln. Sowetsk lag in der Nähe von Tula – der Stadt, in die man keine Samoware bringen sollte. Die meisten der russischen Samoware werden in Tula hergestellt, und mit einem eigenen dorthin zu reisen, sei so töricht wie Eulen nach Athen zu tragen, heißt es. Goschas Mutter war nach dem Krieg in der Umgebung von Tula umhergereist, bis 1956 ein Regierungserlaß das Nomadisieren in den Sowjetrepubliken verbot. Dem Erlaß folgend wurden Roma dort angesiedelt, wo sie sich gerade befanden. Goschas Mutter befand sich mit ihren Kindern in Sowetsk.

Goscha und seine Familie waren *Lotfika Roma*, lettische Roma, die von Polen über Lettland eingewandert waren und von den russischen Roma auch *Tschuchni* (umgangssprachliches Russisch für „Finnen") genannt werden. Die Roma erreichten Rußland zu verschiedenen Zeitpunkten. Die erste größere Gruppe kam gegen Ende des 17. Jahrhunderts über Polen und Litauen aus Deutschland. Die *Ruska Roma*, die „russischen Roma", machen ungefähr die Hälfte der Roma Rußlands aus und bestehen hauptsächlich aus diesen zuerst gekommenen Roma, die in viele kleinere Gruppen unterteilt sind, zu denen auch die Lotfika Roma gezählt werden. Diese katholischen Roma traten in Rußland zur Orthodoxie über. Später kamen unter anderem die *Servi* sowie die *Kirimitika Roma*, die im 18. Jahrhundert vom Balkan auf die Krim übersiedelten und muslimischen Glaubens sind. Die Vlach-Roma aus der Walachei und die *Kalderascha* oder *Calderari*, die in Rußland *Kotliari* genannt werden, gelangten nach der Aufhebung der Sklaverei nach Rußland. Noch vor der Auflösung der Sowjetunion begann die Immigration der *Magyar cigányok*, der ungarischen Roma aus dem ukrainischen Transkarpatien, und der *Luli* oder *Mugat* aus Usbekistan und Tadschikistan.

Gegenüber der Bushaltestelle von Sowetsk standen Spielautomaten, die angeblich zahlreiche Sowetsker, die der Versuchung auf diesem öffentlichen Platz nicht hatten widerstehen können, ins Elend gestürzt hatten. Es waren kaum Leute im Ort unterwegs. Nur Nina und Tanja, zwei junge Mütter, schoben ihre Babys in nahezu antiken Kinderwagen die Straße entlang. Sie wohnten in der sandigen Straße, die am anderen Ende des Ortes hinaus auf ein Wiesenplateau führte. Hier, weit weg von den Wohnblöcken, lebten in bescheidenen Häusern mehrere Roma-Familien. Ein Stück die Wiese hinab, an einem See, auf dem Holzboote langsam vorüberglitten, lag das blaue Haus der Familie Pekarev. Auf dem Hof wurde ein aufgeklappter Lastwagen einer Reparatur unterzogen. Nikolaj Pekarev saß auf der Küchenveranda und schlürfte Tee von der Untertasse. Er hatte kräftiges Haar und einen dicken Wanst, der ihm den Spitznamen *Puzo* eingehandelt hatte. Die Roma gaben einander solche *klitschki*, Romanamen, die sie oft ihr Leben lang behielten. Goscha hieß eigentlich Sergej, wurde aber von allen nur Goscha genannt. Vor den Fenstern im Haus der Familie Pekarev hingen Spitzengardinen, und auf dem Küchentisch stand ein alter Samowar, umgeben von Kristallschalen, die mit Keksen und Lidas selbstgemachter Apfelsinenmarmelade gefüllt waren. Nikolaj und seine Frau Lida waren *Ruska Roma*. Ihr Sohn hatte vor kurzem ein Vlach-Mädchen geheiratet, das nun zu ihnen gezogen war. Aljona war vierzehn und kam aus einem Dorf nicht weit von Sowetsk. Die Eltern der Frischvermählten kannten einander und hatten – getreu der Tradition der russischen Roma – die Ehe arrangiert.

An den Wänden mit Blumentapete hing ein Plakat von Nikolajs Neffen, dem Musiker Piotr Tschorni, der in der Ukraine lebte. In einer Ecke war ein kleiner Ikonenaltar eingerichtet, vor dem Lida jeden Abend betete. Beinahe alle russischen Roma haben, wie auch andere Russen, einen solchen *krasni ugol,* eine „rote Ecke", im Haus. In rechtlichen Streitfällen, die im Rahmen des *sendo,* der polnischen Version der *kris,* des Roma-Gerichtshofs, oder der *s'chodka,* dessen russischer Variante, entschieden werden, ist es unter anderem üblich, bei einer Ikone auf die Wahrheit zu schwören. Wie Alexej aus Pskow erzählte, galt die letzte *s'chodka* einem Autokauf, bei dem der Käufer nicht alle nötigen Papiere vom Verkäufer erhalten hatte. Eine *s'chodka* aus Auto-Spezialisten wurde zusammengerufen, und der Rat beschloß, daß der Wagen zurückgekauft werden müsse. Alexej selbst war nicht dabei. „Sie fragten junge Leute um Rat, die etwas von Autos verstehen", sagte er, „ich aber kenne mich nur mit Pferden aus."

1759 hatte Zarin Elisabeth den Roma den Zutritt zu Sankt Petersburg verweigert, ihnen jedoch gestattet, sich in der Nähe der Stadt niederzulassen und Pferdehandel zu treiben. Erst 1917 wurde dieses Verbot aufgehoben. Nur Roma-Musikanten waren von ihm schon früher ausgenommen. Schon bald nach der Ankunft der Roma in Rußland waren ihre Musiker dazu engagiert worden, die höhere Gesellschaft mit Gesang und Tanz zu unterhalten. Im 19. Jahrhundert entstanden Roma-Chöre, die bis zur Oktoberrevolution in den Opernhäusern der Metropolen auftraten. Im Laufe der Zeit bekamen die Roma eine große Bedeutung für die russische Kultur. Puschkin, der zwei Wochen in einem Roma-Lager verbracht hatte, schrieb das romantische Poem *Die Zigeuner,* das Rachmaninow als Vorlage für seine einaktige Oper *Aleko* diente. Die Roma wurden im Kommunismus zum Symbol der Freiheit, und die Chöre, die in ungemütlichen Bussen die Kolchosen bereisten, waren beliebter als die sowjetische Propaganda-Unterhaltung.

Ein Jahrzehnt lang blühte die Roma-Kultur in Form von Zeitschriften, Vereinen und Unterricht in Romani auf, bis Stalin 1938 kurzerhand beschloß, daß die Roma keine Nation seien, und jedwede kulturelle Aktivität in der Romasprache untersagte. Nur das 1928 gegründete *Teatr Romen* setzte seine

Tätigkeit fort. Im Zuge der Kollektivierung wurden die Pferde der Roma beschlagnahmt und Roma, die sich weigerten, ihre Pferde herzugeben, erschossen. Zwar gab es mehrere Roma-Kolchosen, die Romani als amtliche Sprache verwendeten, doch waren insgesamt nur wenige Roma in den sozialistischen Kollektiven tätig. In den dreißiger Jahren fielen zahlreiche Roma dem Stalinterror zum Opfer, wurden deportiert oder als Spione und Saboteure erschossen. Während der Okkupation durch die Nazis wurden 30 000 Roma ermordet, was ungefähr der Hälfte der Roma-Bevölkerung in den besetzten Gebieten entsprach.

Im Laufe der Geschichte wurden immer wieder Versuche unternommen, alle Roma – unter anderem durch die Einführung von Pässen oder die Errichtung besonderer Roma-Dörfer – seßhaft zu machen. Tatsächlich lebte schon vor der Revolution ungefähr die Hälfte der Roma in Dörfern und Städten. Einige waren aufgrund der schlechten Lebensbedingungen unter Lenin gezwungen, wieder auf Wanderschaft zu gehen, doch viele arbeiteten in der Sowjetzeit als Bauern, Arbeiter und Angestellte. Nahezu endgültig unterbunden wurde das Reisen unter Chruschtschow mit dem *Ukas* von 1956, der ihnen Wohnungen gewährte, jedoch das Nomadisieren mit fünf Jahren Gefängnis belegte.

Trotzdem entwickelten sich einige Roma in dieser Zeit zu hervorragenden reisenden Kaufleuten, denen die Wohnungen als Lagerräume sogar von großem Nutzen waren. Besonders in der Breschnew-Ära spezialisierten sich einige Roma darauf, abgelegene Orte mit Mangelware zu versorgen. „Die Läden waren leer, da gab es nur Margarine, Konserven und ein paar häßliche Hosen", lachte Goscha. Alles andere war teuer, und einige Roma fanden im Handel mit schwer zugänglichen Waren eine lukrative Nische. Ganz legal war diese „Spekulation", wie der Handel im sowjetischen Sprachgebrauch hieß, nicht, doch die Roma-Kaufleute konnten sich oft durch ein Bestechungsgeld freikaufen. Unter Gorbatschow erlebte der Mangelwarenhandel noch einmal einen Aufschwung. „Vor 1994 war das Leben leichter", so Goscha, „ich kaufte in der Perestroika ein Auto und fuhr damit bis nach Baku, um Waren zu kaufen." Als im Zuge der Jelzin-Reformen Waren überall erhältlich wurden, verschwand sowohl die Nische als auch das Monopol, und viele Familien sahen sich in eine wirtschaftliche Katastrophe gestürzt.

Seit einigen Jahren werden Roma in den russischen Medien als „Drogenbarone" dargestellt. Sie spüren immer deutlicher die Folgen dieser medialen Haßkampagnen und der immer offener werdenden Xenophobie. In Rußland richtet sich der Rassismus generell gegen alle *Tschorni*, die „Schwarzen", eine ungenaue Kategorie, der sowohl Personen kaukasischen und afrikanischen Ursprungs als auch Juden und Roma zugerechnet werden. Die Tschetschenienkriege verschlimmerten die Situation zusätzlich. Roma, die sich gewaltsamen Übergriffen durch – euphemistisch als *Hooligans* bezeichnete – Neonazis ausgesetzt sehen, können kaum mit dem Schutz der Miliz rechnen. Ganz im Gegenteil: Vielerorts geraten Roma immer wieder in die Gewalt der Milizionäre, die unschuldigen Roma mitunter Drogen zustecken, um dann eine Belohnung für die „dienstliche Wachsamkeit" zu kassieren. In den vergangenen Jahren sind Roma erschreckend häufig Opfer gewaltsamer Übergriffe von Seiten der Miliz selbst geworden.

Moschete schit'

ZEMFIRA DEMONI saß auf einer geblümten Decke unter einem Baum; neben ihr stand ein Samowar. Es waren sechsundvierzig Grad im Schatten, die Überlandkabel an den hölzernen Strommasten summten, und ein paar barfüßige Kinder liefen im Sand umher. Die Luft um Zemfira vibrierte; im Tal hinter ihr lag Wolgograd. Achtzig Kilometer lang erstreckte sich die Stadt am Ufer der Wolga. Im Zweiten Weltkrieg, als sie noch Stalingrad hieß, war sie in jener Schlacht, die den Wendepunkt des Krieges markieren sollte, völlig zerstört worden. Hier, auf dem Plateau von Wolgograd, hatten die *Kotliari* ihre Häuser errichtet. Die Wodstroi-Siedlung lag regelrecht im gelben Sand, dem die Stadt ihren einstigen Namen zu verdanken hatte. Zarizyn (*sary su*, Tatarisch für „gelbes Wasser") war im 16. Jahrhundert ursprünglich gegründet worden, um die Handelswege gegen Nomaden zu schützen.

Die Kotliari Wolgograds wohnten in geräumigen Häusern aus Holz oder rohen Ziegeln, einige auch in provisorisch aus Holzlatten und Spanplatten errichteten Bretterverschlägen. Junge Männer waren dabei, die Fassade von Zemfiras Haus auszubessern. Frauen in langen Röcken saßen auf Stühlen und Sofas vor ihren Häusern beisammen und unterhielten sich. Um das Haar, das sie seitlich zu zwei langen Zöpfen geflochten hatten, trugen sie bunte Tücher. Auf eine Tür hatte jemand ein großes Dollarzeichen gesprüht.

Zemfira war mit ihrer Familie vor mehr als zwanzig Jahren nach Wolgograd gezogen. Früher waren sie in der Ukraine und in Usbekistan umhergereist und hatten immer eine Zeitlang in Zelten gelebt. Wie auch bei anderen Kotliaren waren die Räume in Zemfiras Haus recht groß. Die Böden waren mit buntgemusterten Orientteppichen ausgelegt, die Wände mit Wandteppichen und riesigen Postern mit Landschaftsmotiven ausgeschmückt; auf einem der Wandteppiche prangte eine gigantische Inderin mit einem Leoparden. Im Regal standen Porzellan, Marienbilder, ein ausgestopfter Vogel; auf dem Teppich Plastikbäume nebst ausgestopftem Wolf und Wildschwein. „Dekoration", stellte Zemfira fest. Sie hatte die Tiere auf dem Markt erstanden und sie im Auto nach Hause transportiert.

Die Kotliari (oder *Kalderascha*, Kesselschmiede) sind Nachkommen der moldauischen und walachischen Sklaven. Traditionell zogen sie von Dorf zu Dorf, um Kupferkessel herzustellen oder löchriges Küchengeschirr zu flicken. Im Kommunismus hatten sie ihre eigenen *vortetschia* oder *arteljs*, Innungen, die für Restaurants tätig waren und oft für eine gewisse Zeit von den Kolchosen angeheuert wurden. Die Arbeit der Kotliari setzte voraus, daß sie nach einigen Jahren wieder umzogen, um sich nach neuen Einsatzorten umzusehen. Einige Familien hatten für diesen Zweck sogar eigene Waggons; der wurde einfach an den Zug angehängt und so an die gewünschte Station transportiert. Erst nach dem Ukas von 1956 begannen sie, eigene Häuser zu bauen. Die Kotliari gehören zu denjenigen Gruppen unter den Roma, die besonders viel Wert auf Tradition legen. Sie sind kaum assimiliert, und da sie an ihrem Handwerk festhielten, blieben sie lange Zeit vom konjunkturellen Auf und

Ab der Wirtschaft unabhängig. Heute werden ihre Fertigkeiten immer seltener gebraucht; es gibt nicht mehr genügend Arbeit für alle, und nur wenige der jungen Leute erlernen noch das Handwerk des Kesselschmiedens. Viele sind statt dessen Händler geworden und reisen zur Arbeit in andere Städte.

Zemfiras Familie hatte mit anderen Kotliaren aus Wolgograd nach Tschechow in der Nähe von Moskau ziehen wollen. Sie bauten einige Häuser und zogen mit ihren Familien ein. Doch dann war die Miliz gekommen. „*Moschete schit' sdjes*, ihr könnt hier leben", hatten die Milizionäre gesagt, „aber wir werden euch die Neonazis auf den Hals hetzen."

Obuchowo

IRGENDWO IN OBUCHOWO sollten sie hausen, die Roma aus der Ukraine, die auf dem Newski-Prospekt Passanten um ein paar Rubel anbettelten und in den Sankt Petersburger Zeitungen gehässige Kommentare hervorriefen. Die jungen Mütter mit kleinen verhudelten Kindern auf dem Rücken seien eine Belästigung für die Passanten und gäben der Stadt ein schlechtes Image.

Wir liefen über die Eisenbahnbrücke, auf der Händler ihr Obst anboten, die große staubige Straße entlang und hinüber zu den Garagen mit den dick aufgepinselten Ziffern. An der Stelle, wo wir die Schienen überqueren wollten, hatte soeben ein schwerbeladener Zug angehalten, der sich auch nach bereitwilligem Warten nicht wieder in Bewegung setzte. So machten wir uns zwischen heißem Zug und ziependem Gestrüpp auf den Weg, um nach unzähligen dampfenden Waggons das schwere Ungetüm schließlich zu umgehen.

Dort, wo wir die Roma vermutet hatten, lagen nur rostige Metallplatten auf verkohltem Erdboden. Glassplitter, ein verkohlter Kessel, ein Puppenarm: die Reste des Lagers, in dem die ukrainischen Roma bis vor kurzem noch gelebt hatten. Aus der rostigen Röhre eines Kabuffs nicht weit davon entfernt stieg Rauch in die Luft. Der Mann, der dort hauste, stapfte, ein wenig vornüber gebeugt, einen schmalen Pfad durchs hohe

Gras entlang. Er war aus dem Gefängnis entlassen worden, wo er sich die Tuberkulose eingefangen hatte, und lebte nun hier. Die Roma waren seine guten Nachbarn gewesen, berichtete er, doch dann war die Miliz gekommen und hatte sie vertrieben. Sie hatte auch gleich alle Behausungen zerstört und in Brand gesteckt. „Nun sind die Leute dort drüben", sagte er, „auf der anderen Seite der Eisenbahnbrücke."

Um zu den Roma zu kommen, mußte man über eine steile Treppe hinauf auf die Brücke, aufpassen, daß kein Zug kam, und dann ein gutes Stück auf dem Damm die Schienen entlanglaufen, bis man linker Hand ein paar große Betonröhren sah. Dahinter führte ein Pfad in eine Böschung, in der Charlotta und Erika sich mit ihren Familien niedergelassen hatten. „Ich bin seit zehn Jahren in Rußland", sagte Charlotta. „In der Ukraine haben wir nichts. Es gibt keine Arbeit, und vom Betteln kann man dort nicht überleben." Hier hatte ihr Mann begonnen, Altmetall zu sammeln, und so ernährte er die Familie.

Die Zelte, einfache dreieckige oder stabilere, waren aus langen biegsamen Ästen gebaut, die mit Plastikfolien überzogen waren. Sie standen direkt auf der Erde, in der sich stellenweise Schlammpfützen gebildet hatten. Die *budkas* (russisch für „Zelle" oder „Hundehütte"), wie sie die Zelte nannten, weil die Miliz es tat, waren mit Schlaf- und Kochecken eingerichtet. Eine umfunktionierte Metalltonne diente als Herd, Kleidungsstücke waren hinter die Äste geklemmt. Charlottas Baby schlief in einer kleinen Hängematte aus Tuch am Baum.

Seit Anfang der neunziger Jahre kamen die *Magyar cigányok*, die Ungarisch sprechenden Roma aus der Ukraine, sowie die *Luli* aus Usbekistan und Tadschikistan in die russischen Großstädte, wo sie durch Arbeit oder Betteln besser leben konnten als zu Hause. Die Magyar cigányok, die im Birkenwald außerhalb von Sankt Petersburg wohnten, kamen aus dem ruthenischen Berehowe, dem ehemaligen Bergsaß in der Karpato-Ukraine, die an Ungarn, die Slowakei und Rumänien grenzt. Diese geschichtsträchtige Region gehörte unter anderem zur Tschechoslowakei und Ungarn, bevor sie nach dem Zweiten Weltkrieg von der Sowjetunion annektiert und Teil der Ukrainischen Sowjetrepublik wurde. Die Roma des heutigen ukrainischen

Transkarpatien haben als Ungarisch sprechende Minderheit große Schwierigkeiten, sich zu integrieren.

Einige der Roma fuhren für den Winter nach Hause in die Ukraine, wo die Kinder dann in die Schule gingen. Viele der jungen Leute hatten jedoch weder Pässe noch Geld und überwinterten hier, in den Zelten vor Sankt Petersburg. „Du kannst dir nicht vorstellen, wie kalt es hier im Winter ist", sagte Charlotta. „Das Wasser gefriert zu Eis, und einer muß nachts immer wach bleiben, um das Feuer in Gang zu halten." Einige der Kinder husteten. Die Lebensumstände waren nicht die besten, und hier krank zu werden, war gefährlich. Charlotta hatte einen Säugling nach dem anderen verloren. Mehrere Kinder waren während Krankenhausaufenthalten oder sofort nach der Entbindung von den russischen Behörden den Eltern weggenommen und in Kinderheime gesteckt worden, die sie ohne Zustimmung der Eltern zur Adoption freigaben. Bei ihren leiblichen Eltern, so lautete die Erklärung von seiten der Behörden, hätten die Kinder keine Zukunft.

Schon aus einiger Entfernung war das Dröhnen von Musik aus dem Wald zu hören. Esmeralda und Manika, Mädchen mit kurzgeschnittenen Ponys, ein wenig zu kurzen Hosen und Turnschuhen, kamen uns auf dem Pfad entgegen, der in das zweite Lager auf der anderen Seite der Eisenbahngleise führte. Über die kleine Versammlung von Zelten wölbten sich schützend die Birken. Ein doppelt gelegtes Seil, das im Baum hing, diente den Kindern als Schaukel. Etwas tiefer im Wald am Flußufer hockte Ersi, eine der Mütter, und wusch Wäsche, die sie dann an Leinen zwischen die Birken hängte, andere Frauen saßen auf selbst zusammengenagelten Hockern am Weg, der sich zwischen den *budkas* gebildet hatte: Aranka und Angela, die Kaffee aus kleinen Tassen tranken, Melinda, mit winzigen bunten Klemmen im Haar, die ein Kind erwartete. Ein Hund lief weg und mußte zurückgepfiffen werden; immer wieder hallten die Durchsagen für die nächsten Züge aus den blechernen Lautsprechern durch den Birkenwald.

Johnny und Julietta waren dabei, eine neue *budka* zu bauen. Sie hatten acht Kinder, und Julietta war mit dem neunten schwanger. Der alte Lagerplatz war, wie sich herausstellte, von der Miliz im Rahmen der sogenannten „Operation Tabor"

(*tabor*, russisch für „Zigeunerlager") in Brand gesteckt worden. Betrunkene Milizionäre waren in Obuchowo erschienen, hatten in die Luft geschossen und die Frauen verprügelt. Ein paar Wochen später waren sie wiedergekommen und hatten das gesamte Lager niedergebrannt. Mit dieser Aktion, die sich ausschließlich gegen die Roma richtete, beabsichtigte die Miliz, den Diebstahl und das Betteln in Sankt Petersburg zu bekämpfen. Reisebüros und Konsulate hatten geklagt, daß sich Touristen durch die Zigeuner im Petersburger Zentrum belästigt fühlten.

Einige Tage später, als wir die Roma von Obuchowo erneut besuchten, trafen wir Johnny und Julietta wieder. „Gestern", berichtete Johnny, „war die Miliz wieder da. Sie haben gesagt, wir sollen verschwinden." Wohin er mit seiner Familie mit den acht Kindern sollte, das konnte er nicht sagen.

Charlotta und Erika begleiteten uns bis zur steilen Treppe an der Eisenbahnbrücke. „Fahrt ihr nach Hause?" fragte Charlotta, und als ich bejahte, fuhr sie fort: „Wir fahren auch nach Hause, am zwanzigsten." Dann kehrten die beiden Frauen um. Mit ihren Babys auf dem Rücken liefen sie die Schienen entlang zurück ins Lager hinter den Betonröhren.

Finnland *Finitiko Them

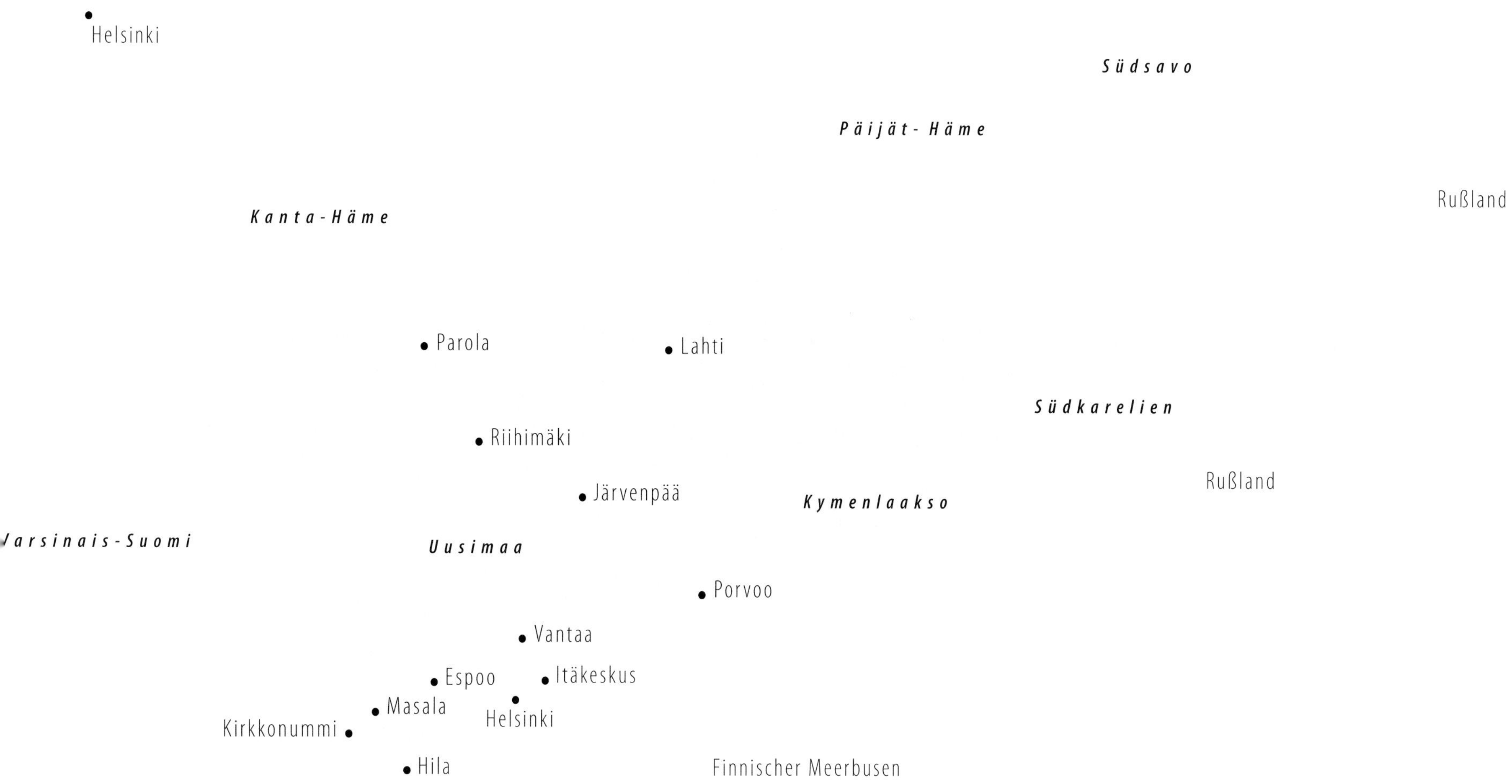

Helsinki

Südsavo

Päijät-Häme

Rußland

Kanta-Häme

Parola

Lahti

Südkarelien

Riihimäki

Järvenpää

Rußland

Kymenlaakso

Varsinais-Suomi

Uusimaa

Porvoo

Vantaa

Espoo

Itäkeskus

Masala

Helsinki

Kirkkonummi

Hila

Finnischer Meerbusen

Laulukallelaiset

IM AUFGEWÄRMTEN TREPPENHAUS roch es stets süß, ein wenig nach Bohnerwachs, Waschmittel und Kaffee. Im Sommer stand die Haustür offen, im Winter mußte man sie aufrücken und die Stiefel an den Besenborsten abbürsten. Ritva und Henkka Berg lebten mit ihren beiden Söhnen im zweiten Stock dieses Sozialwohnungsblocks in Kirkkonummi, eine halbe Stunde westlich von Helsinki. Bald nach dem Klingeln begann es hinter der Tür zu rascheln. Rippe, der Hund, kratzte mit seinen Pfoten gegen die Wohnungstür, durch die unsere Namen drangen, Ritva sah durchs Guckloch, bevor sie die Tür öffnete, zu der Rippe dann schwanzwedelnd hinaustrippelte. „*Tulkaa sisään*, kommt herein", sagte Ritva und rief den kleinen Ausreißer zurück: „Rippe!"

Die Wohnung war wie immer frischgeputzt, und es lagen keine überflüssigen Gegenstände herum. Außer den großen Sofas und einem Wandschrank mit Geschirr gab es keine weiteren Möbel. Der Fernsehapparat lief leise im Hintergrund, in der großen Bodenvase standen Plastikblumen, und an der Wand hing ein Jesusbild in vergoldetem Rahmen. Draußen war es dunkel geworden, und der warme Schein der Straßenlaternen ließ den Schnee gelblich leuchten. Henkka saß auf dem Sofa, in Hemd, dunklen Hosen und Weste, seine Hand mit dem großen Ring auf der Lehne. „Na, was habt ihr für Neuigkeiten?" Das fragte er jedesmal, doch diesmal war er derjenige, der Neues zu berichten hatte.

Als wir sie kennenlernten, gingen die Söhne Tino und Tenho noch in die Schule. Tenho spielte Fußball und verbrachte oft die Wochenenden bei seiner Großmutter, die im Zentrum von Kirkkonummi lebte. Abends gingen sie mit dem Hund spazieren oder trafen andere Jugendliche aus dem Viertel. Mit der Zeit hatten sie begonnen, sich immer mehr für ihre Roma-Identität zu interessieren. Sie fingen an, dunkle Anzughosen, Schiebermützen und glänzende Schuhe zu tragen, wie es unter den finnischen Roma üblich war. Tenho chattete mit anderen

Roma, hörte Roma-Musik und lernte sogar Gitarre spielen, so wie es seine Eltern getan hatten. „Das ist so komisch, es sind sogar dieselben Lieder, die wir früher gesungen haben", sagte Ritva. Sie hatte als kleines Mädchen gelernt, Gitarre zu spielen, und es später Henkka beigebracht. Nun sangen sie oft abends zusammen, und seitdem sie gläubig geworden waren, überwog das religiöse Liedgut.

„*Menkää juomaan kahvia!* Geht Kaffee trinken!" sagte Henkka. Ritva hatte *pulla*, Hefezopf mit Zimt und Kardamom, auf den Tisch gestellt, und in der Kaffeemaschine stand frischgebrühter Kaffee. Sie sammelte den schwarzsamtenen Stoff ihres weiten Rockes, den die *Romnia* (Romafrauen) in Finnland tragen, unter sich und hockte sich in eine Ecke. So saßen die Frauen oft. „Es ist einfacher, oft weiß man nicht, wo man sitzen darf, und der Rock ist ein guter Hocker", fand Ritva. Die finnischen Romnia haben im Laufe der Zeit eine ganz eigene Mode entwickelt, die aus einem schwarzen Samtrock von barocker Form und mit Rüschen oder Pailletten verzierter Puffärmelbluse besteht. Die jungen Frauen müssen sich irgendwann entscheiden, ob sie den *puku* (das Kostüm) tragen möchten oder nicht. Hat man den Rock einmal angezogen, darf man sich nicht mehr ohne ihn sehen lassen, und auf gar keinen Fall vor älteren Roma. Viele Mütter raten ihren Töchtern mittlerweile davon ab, den Rock zu tragen, da er sich oft als problematisch erweist – mit ihm sind die Frauen leichter als Romnia zu erkennen und Vorurteilen ausgesetzt. Ritva trug den Rock schon, seit sie vierzehn war. „Das ist ungewöhnlich früh", gab sie zu. „Es war ein Versehen. Ich probierte ihn zu Hause vor dem Spiegel an, als unerwartet ältere Gäste vorbeikamen." Nachdem sie Ritva im Rock gesehen hatten, konnte sie ihre gewohnten Kleider nicht mehr tragen.

Die Traditionen der finnischen Roma sind sehr von Reinlichkeitsgeboten und vom Respekt vor den Älteren geprägt. Ritva siezte ihre Mutter, und es gab eine Unmenge von Dingen, die man vor den Älteren nicht tun oder erwähnen sollte. Immer wieder mußte ich feststellen, gegen die eine oder andere Regel verstoßen zu haben. Als ich in Anwesenheit Feija Baltzars, eines älteren Roms, Henkka auf seinen bevorstehenden Geburtstag ansprach, über den wir sonst problemlos reden konnten, erwiderte er mit peinlich berührtem Schweigen. Über Geburt sprach man nicht, und mit meiner Frage hatte ich sowohl Henkka als auch Feija verlegen gemacht. Wenn ich sagte, daß ich gern früher gewußt hätte, was man nicht tun und worüber man nicht reden dürfe, lachte Ritva nur. „Wir erwarten überhaupt nicht von euch, daß ihr unsere Regeln befolgt.“

Weder Tino noch Tenho hatten sich an diesem Abend blicken lassen. Ich fragte nach Tino, dem Älteren. „Tino wohnt nicht mehr hier“, sagte Henkka, sehr zu unserer Überraschung, denn seit unserem letzten Besuch war nicht besonders viel Zeit verstrichen, und Tino hatte nicht unbedingt den Anschein erweckt, ausziehen zu wollen. Er war nicht einmal volljährig. „Er lebt jetzt mit einem Mädchen zusammen“, fuhr Henkka fort. Tino war eines Tages mit seiner zukünftigen Frau verschwunden, „ausgerissen“, wie es bei den Roma heißt, und hatte sich drei Tage lang nicht gemeldet. „Er kam eines Abends nicht nach Hause“, sagte Henkka. „Das war merkwürdig, denn er war sonst immer um neun Uhr zu Hause.“ Ritva und Henkka hatten sich Sorgen gemacht und Tino überall gesucht. Erst von seinen Freunden erfuhren sie, daß er mit einem Mädchen zusammen war. „So haben wir gewartet, bis er anrief.“ Tino war mit Janita, einer fröhlichen jungen Frau, zusammengezogen, deren große Verwandtschaft hauptsächlich in Espoo lebte.

★

DIE KAALE (von *kaalo*, romani für „schwarz“) kamen im 16. Jahrhundert über die Britischen Inseln nach Skandinavien. James IV. von Schottland hatte 1505 seinem Onkel, dem dänischen König Hans, das Pilgergefolge des Antonius Gagino, des „Herzogs von Kleinägypten“, zur Unterhaltung empfohlen, woraufhin die gesamte Schar als „Geschenk“ nach Dänemark verschifft wurde. Von dort erreichte ein Teil der Roma Schweden und 1584 über die Åland-Inseln das finnische Festland, das zu dieser Zeit Teil des Schwedischen Reiches war. Die Pilgern gegenüber übliche Gastfreundschaft wurde bald durch Versuche ersetzt, die sogenannten *Tattare* wieder zu vertreiben. Einem Gesetz von 1637 zufolge hatten alle Roma innerhalb eines Jahres und eines Tages das Land zu verlassen; Roma-Männer, die nach diesem Zeitpunkt noch in Finnland angetroffen wurden, durfte man hängen, ohne bestraft zu werden, die Frauen und Kinder sollten über die Reichsgrenze getrieben und Menschen, die jene *Sikeiner* beschützten, bestraft werden. Glücklicherweise wurde der Erlaß sowohl von der Bevölkerung als auch von den Behörden ignoriert.

Als sich zeigte, daß die Roma sich nicht vertreiben ließen, sollten jene, die im Land geboren waren, integriert werden, während fremde Roma weiterhin ausgewiesen wurden. Durch den Kauf des Bürgerrechts in kleineren Städten oder durch Einzug in die Armee konnten die umherreisenden Roma-Familien sich vor den Repressionen gegen Landstreicher schützen. Einige zogen auch in den weniger strengen finnischen Teil des Reichs oder wurden als Soldaten nach Ostfinnland geschickt, um 1808-1809 im Schwedisch-Russischen Krieg zu kämpfen. Als Finnland 1809 ein Großfürstentum im russischen Zarenreich wurde, öffnete sich ihnen ganz Rußland. Die Roma liefen nun zwar nicht mehr Gefahr, von der schwedischen Armee eingezogen zu werden, die Soldaten unter ihnen verloren jedoch ihre Stellung und somit auch den Schutz, den diese gewährt hatte. Die schwedischen Landstreichergesetze galten in der russischen Zeit weiterhin; im finnischen Großfürstentum umherreisende Roma wurden in das Wyborger Arbeitshaus, Roma-Frauen zur Zwangsarbeit in das Spinnhaus von Lappeenranta geschickt.

Die Kirche, die zunächst die Roma weder hatte taufen, vermählen noch begraben wollen, begann nun, sich um deren religiöse Unterweisung zu kümmern, denn unchristliche Praktiken der Roma, insbesondere die Ehe ohne kirchlichen Segen, machten ihnen Sorgen. Abgesehen von den Aktivitäten der *Zigeunermission*, die 1906 gegründet wurde, um religiöse und soziale Arbeit unter den Roma zu verrichten, wurden die Roma im großen und ganzen in Ruhe gelassen. Sie lebten vorwiegend auf dem Land und reisten jeweils nur in der näheren Umgebung, in der ihre Dienste als Pferdehändler und Handwerker von der Bevölkerung in Anspruch genommen wurden.

Die Mehrheit der Roma Finnlands lebte im Osten des Landes. Seit der Mitte des 19. Jahrhunderts waren die Roma in der Umgebung des Ladogasees in Karelien besonders zahlreich, und Sortawala wurde als „Hauptstadt" der finnischen Roma bezeichnet. Als Finnland 1917 selbständig wurde und die Grenze zu Rußland sich wieder schloß, verloren die karelischen Roma somit ein wichtiges Reisegebiet. Nun mußten sie sich in Gebieten nach Arbeit umsehen, die schon unter anderen Familiengruppen aufgeteilt waren.

Nach dem Winterkrieg 1940 und dessen Fortsetzung 1941/44, als Finnland das östliche Karelien endgültig an die Sowjetunion abtreten mußte, wurden die Roma zusammen mit der übrigen Bevölkerung aus Karelien nach Finnland ausgesiedelt. Finnische Roma fanden sich, ähnlich wie finnische Juden, in einer paradoxen Position, als sie im Fortsetzungskrieg als Soldaten an der Seite des nationalsozialistischen Deutschland gegen die Sowjetunion kämpften. Die karelischen Roma, die ungefähr zwei Drittel der gesamten finnischen Romabevölkerung ausmachten, wurden in Dörfer evakuiert, in denen es früher keine Roma gegeben hatte und wo sie Schwierigkeiten hatten, eine Unterkunft zu finden. Die meisten zogen deshalb weiter in Gegenden, wo es schon andere Roma gab. Es entstanden Slums, und zahlreiche Roma lebten unter erbärmlichen Umständen in Baracken an den Rändern der Städte.

Unter diesen Roma war auch Janitas Familie. Rosa Åkerlund war mit ihrer Mutter und ihren Geschwistern aus Karelien ausgesiedelt worden und lebte in den fünfziger Jahren in der Barackensiedlung von Mäkkylä bei Espoo, wo viele *evakko*-Roma provisorische Behausungen errichtet hatten. Rosas Vater war als Soldat im Krieg gefallen. Ihre Mutter Manta verdiente das Geld für sich und die Kinder, indem sie gehäkelte Decken auf dem Markt verkaufte oder Frauen die Zukunft aus der Hand las. Als kleines Mädchen hatte Rosa zusammen mit ihrem Cousin in den Linienbussen von Helsinki gesungen, um das Einkommen der Familie zu verbessern. Später war sie in den Sommern durchs Land gereist, um gehäkelte Tücher, T-Shirts und Socken von Tür zu Tür zu verkaufen. „Was hatten wir für ein Glück, daß wir das als junge Leute schon lernten", sagte sie, „heute weiß niemand mehr, wie man Sachen an den Mann bringt." 1921 war die Unterrichtspflicht in Finnland eingeführt worden, und Rosa besuchte die Schule. „Nicht immer dieselbe Schule, aber oft waren wir längere Zeit an einem Ort, und dort habe ich dann lesen und schreiben gelernt."

Zusammen mit ihren jüngeren Schwestern Sandra und Säde saß Rosa auf der Veranda des Ferienlagers in Hila, wo sie jeden Sommer ein paar Tage mit der Verwandtschaft verbrachte. „Es ist ein wenig so wie früher", sagte Sandra Åkerlund, die eine rauhe Stimme und strahlend blaue Augen hatte, „wir können alle für eine kurze Zeit wieder beisammen sein." Die Schwestern hatten bis in die sechziger Jahre in Zelten gelebt, deren Gerüst sie aus Weiden- oder Ebereschenzweigen zurechtbogen, das sie mit Teerpappe oder Plastikfolie bedeckten. Sie reisten in einer Gruppe von mehreren Familien. Sollte jemand fehlen, hinterließen sie mit Hilfe von Grasbüscheln auf dem Weg oder Peitschenschlägen im Schnee Zeichen, um die anderen über die eingeschlagene Route zu unterrichten. „Kamen wir an einen neuen Lagerplatz, hatten wir Kinder die Aufgabe, Brennholz und Wasser zu holen", sagte Säde. Auf die Sauberkeit wurde besonders geachtet. Morgens wusch man sich als erstes die „Morgenhände", und der Kochplatz mußte besonders sauber gehalten werden. Einmal am Tag wurde eine warme Mahlzeit zubereitet. „Wir kochten Kartoffeln in leeren Gurkenfässern", erzählte Sandra, „und Kartoffelscheiben, die auf dem Ofen gelegen hatten, waren eine Köstlichkeit." Kalle Hagert, der um 1900 in Nowgorod zur Welt gekommen war und auch zur Familie gehörte, hatte liebend gern Kohlsuppe gekocht. „Doch er gab einen Schuß Wodka in die Suppe, stellte den russischen Radiosender ein, und dann begann für ihn der erste Weltkrieg wieder von neuem", erzählte Lahja, die Enkelin Kalle Hagerts, der so gern sang, daß er *Laulukalle* (Liederkalle) genannt wurde. „Man sagt, es habe erst den Gesang gegeben, dann sei der Mann gekommen", erzählte Janita. Eine *chaka* oder *sakki*, eine Roma-Verwandtschaft oder Familiengruppe, identifiziert sich oft nach dem Ältesten in der Familie oder der Gegend, aus der sie stammt. Janitas Familie wurde nach ihrem Vorfahren Kalle Hagert *Laulukallelaiset* genannt, während Rosas Familie aus dem karelischen Hiitola zu den *Hiitolaiset* gehörte.

Im Winter übernachteten die Roma bei Familien, die ihnen eine Scheune oder Sauna zur Verfügung stellten. „Wir reisten immer die gleichen Wege und wußten, auf welchen Höfen wir willkommen waren", erzählte Rosa, „oft war es jedoch eine Bedingung, kein Romani zu sprechen." Heute hat Finnisch das Romani zum größten Teil als Familiensprache ersetzt, und immer weniger junge Roma sprechen Romani. Die Laulukallelaiset haben ihre Sprache bewahrt, Harri Hagert zum Beispiel, Janitas Großcousin, unterrichtet Kinder in Romani. Zum Romaniunterricht berechtigt sind sie, falls mindestens vier Romakinder an der Schule sind, doch oft wird aus diesem Recht aus Unwissenheit kein Gebrauch gemacht.

Die späten sechziger Jahre brachten entscheidende Schritte zur Verbesserung der Situation der finnischen Roma. Die Behörden begannen, mit den Roma selbst zusammenzuarbeiten, und der Bezug von Wohnungen wurde ihnen erleichtert. Anfang der siebziger Jahre zogen Rosa und ihre Schwestern in Espoo in ihre erste Wohnung ein. „Noch im Sommer hatten wir in Bemböle bei Helsinki in Zelten gewohnt, und einige von uns waren noch vom Zelt aus in die Schule gegangen", erinnerte sich Sandra. „Eine richtige Wohnung zu bekommen, war für uns ein Riesenglück." Seit diesem Zeitpunkt lebten sie alle, nicht weit voneinander entfernt, in den weißen Espooer Wohnungsblocks.

Im Ferienlager in Hila saßen nur die älteren Frauen beisammen. Ich wunderte mich, wo die jüngeren waren, bis ich verstand, daß sich hier nicht nur Männer und Frauen, sondern auch jung und alt voneinander fernhielten. Satu und die anderen jungen Frauen saßen auf der anderen Seite des Hauses auf einer Bank und rauchten. Als eine ältere Frau die Tür öffnete, verschwanden ihre Zigaretten blitzartig hinter den Röcken. Es ging nicht darum, das Rauchen zu verheimlichen, denn darüber, daß hier geraucht wurde, waren sich die älteren Roma völlig im klaren – es wäre den Jüngeren aber peinlich, wenn die älteren Roma sie rauchend sähen. Als alle Zigaretten aufgeraucht waren, diskutierten sie, ob es sich lohnte, nach Ladenschluß noch loszufahren, um Zigaretten zu kaufen. „Sie lassen dich bestimmt rein, wenn du sagst, daß du nur Zigaretten kaufen willst", meinte Satu. Die Roma waren es gewöhnt, an manchen Restaurants oder Geschäften schon an der Tür abgewiesen zu werden. Die Diskriminierung, der die Roma Finnlands ausgesetzt werden, bleibt für die Mehrheitsbevölke-rung größtenteils unsichtbar, doch wirken sich deren Vorurteile gravierend vor allem auf die Wohnungs- und Arbeitsmöglichkeiten der Roma aus.

Hannu Åkerlund war ausgebildeter Automechaniker, hatte aber noch nie eine Stelle gehabt. „Hast du es versucht?" fragte ich. „Sicher", antwortete er. „Doch wenn ich zu den Vorstellungsgesprächen erscheine, gibt es plötzlich keine Arbeit mehr. Einmal hatte ich die ganze Zeit den Arbeitgeber am Telefon, der mir den Weg gewiesen hatte. Sofort als ich zur Garage hereinkam und er mich sah, legte er auf und behauptete, die Stelle sei schon vergeben." An Fertigkeiten mangelte es Hannu keineswegs. Er hatte die lange Ausbildung mit einem guten Zeugnis abgeschlossen. „Die Lehrzeit war langweilig. Ich konnte alles schon", sagte Hannu. Er hatte, seit er klein war, mit seinem Vater Autos repariert, doch trotz der Warnungen seines Lehrers die Ausbildung machen wollen. „Das lohnt sich nicht", hatte der Lehrer gesagt. „Du bist Zigeuner. Du wirst sowieso nie Arbeit bekommen." Als ich fand, das sei ja wohl eine Frechheit, unterbrach mich Hannu: „Nein. Er hatte recht."

Trotz des 1978 erlassenen gesetzlichen Verbots der Diskriminierung aufgrund ethnischer Zugehörigkeit bekommen Roma in praktisch jedem öffentlichen Zusammenhang die rassistische Einstellung der Nicht-Roma zu spüren. Wie Sandra sagte, erlebten sie Rassismus jeden Tag. „Ich brauche nur in den Laden zu gehen, und der Wächter folgt mir auf Schritt und Tritt." Rosa arbeitete seit vielen Jahren als Vermittlerin zwischen den Roma und den Behörden. In ihrem Büro, einem Raum mit Tisch, Schrank und ein paar Stühlen, sprach sie jeden Tag mit Roma, die Verschiedenes auf dem Herzen hatten: keine Arbeit finden konnten, Probleme bei der Wohnungssuche hatten oder deren Angehörige sich in Schwierigkeiten befanden. Oft riefen die Leute sie auch an und baten um Hilfe. Rosas Aufgabe war es, für die Roma mit den Ämtern zu verhandeln, jungen Roma eine Arbeit zu verschaffen oder Konflikte zwischen Roma und Nicht-Roma zu schlichten. Gewöhnlicherweise standen die Leute schon vor der Tür und warteten, wenn sie morgens zur Arbeit kam. Nur als wir sie dort besuchten, war der Gang menschenleer. Rosa war ein paar Wochen lang krank gewesen; das hatte sich herumgesprochen.

Im Laufe der Tage, die wir in Hila verbrachten, kamen jeden Tag neue Verwandte und Bekannte vorbei. Es war eine gute Möglichkeit, die ganze Familie zu sehen. Die Karaoke-Anlage im großen Saal war in ständiger Benutzung. Besonders Anse, Sandras fünfzehnjährige Enkelin, war von ihr besessen. Den ganzen Nachmittag sang sie Lieder ins Mikrofon, während auf dem Bildschirm überkitschig illustrierte Texte vorbeiglitten. Schon als kleines Kind hatte Anse dabeisein wollen, wenn ihre Mutter Paula auf der Fähre zwischen Finnland und Schweden Karaoke sang. Sie hatte sich neben ihre Mutter gestellt und etwas schief mitgesungen. Nun nahm Paula ein Mikrofon, stellte sich neben ihre Tochter, und so sangen sie beide, schlank und kerzengerade nebeneinander, *Täällä Pohjantähden alla* (Hier unterm Nordstern), das nun schon zum siebzehnten Mal lief.

★

RITVA UND HENKKA WAREN UMGEZOGEN: ins Zentrum von Kirkkonummi, wo sie immer schon gern hatten leben wollen. Vom Fenster sah man hinaus auf den Schulhof, und Henkka saß auf einem neuen blauen Sofa mit verschnörkelten Holzlehnen. Ansonsten schien alles wie immer. „*Tulkaa syömään*, kommt essen“, sagte Ritva. Sie hatte Makkaroni mit Soße gekocht und setzte sich auf ihren Rock in die Ecke der Küche. In der Zwischenzeit hatte auch Tenho, der jüngere Sohn, eine Freundin, und es hatte sich herausgestellt, daß die junge Anitra sogar ein Kind erwartete. Zur strengen Schamkultur der Kaale gehört, daß man den wachsenden Bauch verbirgt. „Früher haben wir uns einfach ein langes Tuch um die Schultern gelegt“, sagte Ritva, „zusammen mit dem Rock konnte man die Umstände ohne weiteres kaschieren.“ Anfangs hatten die werdenden Eltern noch bei Ritva und Henkka gewohnt, doch bevor die Schwangerschaft zu offensichtlich wurde, waren sie zu Tino und Janita nach Espoo gezogen.

Im Sommer bekamen Anitra und Tenho einen Sohn, Ricardo. Nach der Geburt warteten Ritva und Henkka mehrere Wochen lang ungeduldig darauf, ihren kleinen Enkel endlich sehen zu dürfen. Genauso hatte Ritvas Mutter Lena warten müssen, bevor sie Tino und Tenho zu Gesicht bekam. „Sie hätte ihn liebend gern gesehen, aber ich habe sie nicht reingelassen“, lachte Ritva. Lena ärgerte sich ein wenig darüber, daß die Traditionen heutzutage so streng geworden waren. „Früher nahmen wir das nicht ganz so genau. Da lebten wir alle zusammen, und es war im Grunde unmöglich, alle Regeln einzuhalten“, sagte sie.

Henkka tippte auf dem Handy herum und streckte uns schließlich stolz den Apparat entgegen. Auf dem Display erschien ein Bild des kleinen Ricardo. Wenige Monate später bekam Ricardo einen Cousin. Tino und Janita nannten ihren Sohn Nando.

Fig. 1 kp. Then. | p?

Bildverzeichnis

Vorderes Umschlagbild

1 Venus und Mucuşoara sahen gern indische Filme und hatten sich als Inderinnen verkleidet. Ştefăneşti, Moldau, Rumänien.

Vorderer Vorsatz

2 Zweiunddreißig Familienbilder aus Indien, Griechenland, Rumänien, Ungarn, Rußland und Finnland

Erste Seite

3 Charlottas Baby (Magyar cigány) aus der Ukraine.
Obuchowo, Sankt Petersburg, Rußland.
4 Weltkarte. Överby, Kirkkonummi, Finnland.
5 Katis und Jóskas Haus auf Maamis Hof. An der Wand die Fotografie von Katis Vater, die während eines früheren Aufenthalts entstand.
Hevesaranyos, Ungarn.

Ungarn *Ungària*

6 Ede Hossó und Pál Szábo. Hevesaranyos.
7 Alkotmány utca, Hevesaranyos.
8 Éva Radics, Jenifer Radics, Eszter Barkóczi, Barna Barkóczi und Kitti Kalas. Ibolya út, Hevesaranyos.
9 Hevesaranyos.
10 Oláh Ottóné, Barkóczi Istvánné, Eszter Barkóczi, Barkóczi Sándorné, Ibolya Barkóczi und Kökény Gézáné. Ibolya út, Hevesaranyos.
11 Vicók an der Straße nach Eger. Hevesaranyos.
12 Istvánka Barkóczi. Viola út, Hevesaranyos.
13 Istvánka und sein Vater István Barkóczi. Viola út, Hevesaranyos.
14 Ernö Puporkané. Viola út, Hevesaranyos.
15 Die Romasiedlung von Hevesaranyos.
16 Citrom sziget, die „Zitroneninsel". Ibolya út, Hevesaranyos.
17 Tímea Balogh. Ibolya út, Hevesaranyos.
18 Kálmán Kalas. Ibolya út, Hevesaranyos.

19 Spiegel in Istváns und Anitas Haus. Viola út, Hevesaranyos.
20 István Barkóczi. Viola út, Hevesaranyos.
21 Magda Karolynés Fernseher. Viola út, Hevesaranyos.
22 Viola út 12, Hevesaranyos.
23 István und sein Sohn Istvánka. Viola út, Hevesaranyos.
24 Viola út, Hevesaranyos.
25 Geschlachtetes Schwein auf Tárka Bélas Hof. Ibolya út, Hevesaranyos.
26 Kökény Gézáné und Barkóczi Sándorné. Ibolya út, Hevesaranyos.
27 Béla Oláh, Géza Barkóczi und Béla Oláh. Ibolya út, Hevesaranyos.
28 Zsólt Puporka. Ibolya út, Hevesaranyos.
29 Aladár Barkóczi. Ibolya út, Hevesaranyos.
30 Zsólt und Adrienn Puporka. Ibolya út, Hevesaranyos.
31 Bertalan Barkóczi. Hevesaranyos.
32 Ede Hossó. Alkotmány utca, Hevesaranyos.
33 Oláh Ottóné und Barkóczi Sándorné. Ibolya út, Hevesaranyos.
34 Hevesaranyos.
35 László Szatmári und Ernö Barkóczi. Viola út, Hevesaranyos.
36 Barkóczi Sándorné. Ibolya út, Hevesaranyos.
37 Hevesaranyos.
38 Die Romasiedlung von Hevesaranyos.
39 Die Romasiedlung von Hevesaranyos.

Indien *India*

40 Accia Assi und ihr Bruder (Bhopa, Barde).
Südlich von Barmer.
41 Gulam Nats Esel. Außerhalb Badkas, Distrikt Jaisalmer.
42 Pushpendra Pal und seine Familie (Sapera).
Außerhalb Khurras. Distrikt Dausa.
43 Becan, Dank und Sewa Nath (Nats).
Chokhi Dhani Resort, Distrikt Jaipur.
44 Bais Nath (Nats). Chokhi Dhani Resort, Distrikt Jaipur.
45 Khatu Sapera und ihre Familie (Sapera). Distrikt Barmer.

* Alle Fotografien sind in der Zeit von 2000 bis 2006 entstanden.

Ausgewählte Quellen

NIKOLAJ BESSONOV. *Zigeuner in Russland. Geschichte und gegenwärtige Probleme.* In: OST-WEST. Europäische Perspektiven. 4. Jg. 2003. Heft 2, S. 111-118.

JULES BLOCH. *Les Tsiganes.* Presses universitaires de France, Paris 1953.

DAVID M CROWE. *A History of the Gypsies of Eastern Europe and Russia.* I. B. Tauris, London 1995.

DAVID CROWE & JOHN KOLSTI (HG). *The Gypsies of Eastern Europe.* Armonk, M. E. Sharpe, New York 1991.

DOM RESEARCH CENTER. www.domresearchcenter.com.

JEAN-PAUL ESCUDERO. *Les Gitans de Perpignan et leur langue.* Études Tsiganes N°16, 2003, S. 103-117.

ÉTUDES TSIGANES N° 15, 2000. *L'habitat saisi par le droit. Les virtualités de la loi Besson du 5 juillet 2000.*

EUROPEAN ROMA RIGHTS CENTER. http://errc.org.

ANGUS FRASER. *The Gypsies.* Blackwell, Oxford 1992.

MOHAN G. GAUTAM. *Itinerant Camping life to Settled Basti Alliances: The Mechanism of Ethnic Maintenance and Social Organization of the Kanjars of North India.* In: The Eastern Anthropologist 36:1, 1982, S. 15-29.

THE BALKAN HUMAN RIGHTS WEB PAGES. www.greekhelsinki.gr.

WILL GUY (HG). *Between Past and Future. The Roma of Central and Eastern Europe.* University of Hertfordshire Press, Hatfield 2001.

IAN HANCOCK. *On Romany Origins and Identity: Questions for Discussion.* In: Adrian Marsh & Elin Strand (HG). *Gypsies and the Problem of Identities. Contextual, Constructed and Contested.* Transactions of the Swedish Research Institute in Istanbul N°13, Malmö und Istanbul 2005.

IAN HANCOCK. *On Romany Origins and Identity. A Reassessment of the Arguments.* The Romani Archives and Documentation Center, www.radoc.net.

IAN HANCOCK. *Romani words for Romanies and non-Romanies. On the Origin and Westward Migration of the Romani People.* The Romani Archives and Documentation Center, www.radoc.net.

IAN HANCOCK. *We are the Romani People. Ame sam e rromane džene.* Centre de recherches tsiganes/University of Hertfordshire Press, Hatfield 2002.

KARI HUTTUNEN & GUNNI NORDSTRÖM (HG). *Mustalaiselämä.* Tammi, Helsinki 1969.

MILENA HÜBSCHMANNOVÁ. *Origin of Roma.* Rombase, http://romani.uni-graz.at/rombase/

MICHELLE KELSO. *Roma-Deportation von Rumänien nach Transnistrien (1942 bis 1944).* In: *Sinti und Roma unter dem Nazi-Regime 2. Die Verfolgung im besetzten Europa.* Centre de recherches tsiganes/Edition Parabolis, Berlin 2000, S. 99-137.

DONALD KENRICK. *Gypsies: from the Ganges to the Thames.* University of Hertfordshire Press, Hatfield 2004.

DONALD KENRICK & GRATTAN PUXON. *The Destiny of Europe's Gypsies.* Heinemann Educational, London 1972.

BERNARD LEBLON. *Gypsies and Flamenco: the Emergence of the Art of Flamenco in Andalusia.* University of Hertsfordshire Press, Hatfield 1995.

JEAN-PIERRE LIÉGEOIS. *Roma, Gypsies, Travellers.* Council of Europe Press 1994.

JEAN-PIERRE LIÉGEOIS. *Tsiganes.* Éditions La Découverte, Paris 1983.

ELENA MARUSHIAKOVA & VESSELIN POPOV. *Gypsies in the Ottoman Empire.* University of Hertfordshire Press, Hatfield 2001.

ELENA MARUSHIAKOVA & VESSELIN POPOV. *Ethnic Identities and Economic Strategies of the Gypsies in the Countries of the Former USSR.* In: Thomas Herzog und Wolfgang Holzwarth (HG). *Nomaden und Sesshafte – Fragen, Methoden, Ergebnisse.* Orientwissenschaftliche Hefte 9, Halle 2003, S. 289-310.

BRIGITTE MIHOK. *Die Verfolgung der Roma. Ein verdrängtes Kapitel der rumänischen Geschichtsschreibung.* In: Mariana Hausleitner, Brigitte Mihok, Juliane Wetzel (HG). *Rumänien und der Holocaust. Zu den Massenverbrechen in Transnistrien 1941-1944.* Berlin 2001, S. 25-32.

Mustalaiset vähemmistönä suomalaisessa yhteiskunnassa – tietoa mustalaisuudesta ja yhteiskunnan palveluista. Mustalaisasiain neuvottelukunta, Helsinki 1982.

PANU PULMA. *Suljetut ovet. Pohjoismaiden romanipolitiikka 1500-luvulta EU-aikaan.* Suomen Kirjallisuuden Seura, Historiallisia tutkimuksia 230, Jyväskylä 2006.

APARNA RAO (HG). *The Other Nomads. Peripatetic Minorities in a Cross-Cultural Perspective.* Böhlau Verlag, Köln Wien 1987.

FRANZ REMMEL. *Die Roma Rumäniens. Volk ohne Hinterland.* Picus, Wien 1993.

MIRIAM ROBERTSON. *Snake Charmers. The Yogi Nath Kalbelias of Rajasthan. An Ethnograhphy of Indian Nonpastoral Nomads.* Illustrated Book Publishers, Jaipur 1998.

XAVIER ROTHÉA. *France, pays des droits des Roms? Gitans, „Bohémiens", „gens du voyage", Tsiganes... face aux pouvoirs publics depuis le 19e siècle.* Lyon 2003.

S. P. RUHELA. *Society, Economy and Folk Culture of a Rajasthan Nomadic Community.* New Delhi 1999.

K. S. SINGH (HG). *People of India. Rajasthan. Anthropological Survey of India.* Mumbai 1998.

MUNSHI HARDYAL SINGH. *The Castes of Marwar.* 2. Ausgabe (1. Ausgabe 1894), Books Treasure, Jodhpur 2000.

SHER SINGH SHER. *The Sansis of Punjab. A Gypsy and Denotified Tribe of Rajput Origin.* Delhi 1965.

GEORGE C. SOULIS. *The Gypsies in the Byzantine Empire and the Balkans in the Late Middle Ages.* In: Dumbarton Oaks Papers 15, Washington 1961, S. 142-165.

LEV TCHERENKOV & STÉPHANE LAEDERICH. *The Rroma: otherwise known as Gypsies, Gitanos, Gýftoi, Tsiganes, Tigani, Cingene, Zigeuner, Bohémiens, Travellers, Fahrende, etc.* Schwabe Verlag, Basel 2004.

SIDDHESHWAR VARMA. *Gipsy Languages. A Linguistic Analysis.* Panjab University Indological Series-22, Hoshiapur 1978.

FRANÇOIS DE VAUX DE FOLETIER. *Les bohémiens en France au 19e siècle.* Éditions Jean-Claude Lattès, Paris 1981.

FRANÇOIS DE VAUX DE FOLETIER. *Mille ans d'histoire des Tsiganes.* Fayard, Paris 1970.

Nais tumenge

Ungarn *Köszönjünk*
Zoltán Popovits, Éva Hibay, Magda Karolyné, Zsuzsi und Berci Csuhai, Anita und István Barkóczi, Zsuzsanna Barkóczi, Kati Puporka, Ilona, Márton und die Familie Barkóczi, Tímea Balogh und all die anderen Menschen in Hevesaranyos.

Indien *Dhanyavad*
Sakar Khan, Samandar Manganiar, Kusum Sharma, Sharmaji und Ninad, die Lok Rang Society, Alice Garg und die Bal Rashmi Society, Vijay Verma, Dev Karan Meena, Niramla Meena, Tejram Meena, Komal Kothari, Mohan Sharma, Ummed Kavar, Anwar Huq, Bobby Singh, Sunny Singh und ihre Familie.

Griechenland *Efharistoume*
Eleni Mathioudaki, Viktor Eliezer, Maria Petrogkona und ihre Familie, Dionysia Panagiotopoulou, Theodoris Alexandridis, Nafsika Papanikolatos und Panagiotis Dimitras vom Greek Helsinki Monitor, Mimi Firogeni, Vasso Christopoulou, Triantafillos Sokodimo, Ioannis Angeloglou, Soulis Liakos, Fotini und Burie Mouratido, Giannis Alexiou, Gül Khan, Iris Geleklidou, Tzeni und Evangelos Marselos

Rumänien *Mulţumim*
Rubina und Bilian Ferariu, Aurelia und Helmut Neumann, Florentina Sandu, Nicolae Neacşu, Elena und Marin Sandu, Aurel Feraru, Rupert Wolfe Murray, Sorin Fodor und seine Familie, Marcel Stănescu, Florica Marin, Mihaela, Kati, Florin und Andrei Naşture, Zsuzsanna Szantó, Catalin und Mirela Montan, Verginia Stănescu, Gyuszi, Csilla und die anderen vom Tranzit House in Cluj, Marian Guga, Mauri Ojala, Romani CRISS, Alexandru Alexe und Silviu Marculescu.

Frankreich *Merci*
Jean-Pierre Liégeois und das Centre de recherches tsiganes, Jeanne Gamonet, Daniel Elzière, Hervé Sorroche, Béatrice Chebak, Jean Vrain und die Association pour l'aide à la scolarisation des enfants tsiganes, Marcel Courthiade, Catharina Runeberg, Jeh Song Baak, Joël und Josette Collært.

Rußland *Spasiba*
Stephania Kulajewa, Nikolaj Bessonow, Jekaterina Bessonowa, Rob Sint Nikolaas, Boris Kulajew, Olga Abramenko, das Nordwest-Zentrum für soziale und juristische Betreuung der Roma/Memorial, Natascha Botwinnik, Jewgeni Grusow, Goscha und Mascha Maltzew, Dolores und Rika Mihai, Kostja Prochor, Pauline Narytschkina, Amandine Regamey und Malik Salemkour von der Fédération internationale des ligues des droits de l'homme.

Finnland *Kiitos Tack*
Ritva und Henkka Berg, Helena Wisniewska, Sandra und Santeri Åkerlund, Miranda Vuolasranta, Jyrki Parantainen, Jouko Ollikainen, Hans von Schantz, Feija Baltzar, Laimi und Harri Åkerlund, Rosa Åkerlund, Paula Åkerlund, Satu Nyman, Tino Åkerlund, Urpo und Sandra Nyman, Bricella Bollström, Hilja Gröntors, Seija Stenrooth, Sabina Berg, Sarita Friman-Korpela, Harri Hagert, Harri Bollström, Matti Wuori, Peter Lodenius, Kai Kartio, Itha O'Neill, Barbro Holmberg, Pentti Sammallahti, Kristoffer Albrecht, Chikako Harada, Magi Viljanen, Stefan Bremer, Pekka Turunen, Ritva Kovalainen, Timothy Persons und die Hochschule für Kunst und Design in Helsinki.

Andere Länder *Danke*
Fred Taikon in Stockholm, Renata Erich vom Romano Centro in Wien, Brigitte Mihok vom Zentrum für Antisemitismusforschung in Berlin, Allen Williams vom Dom Research Center in Zypern, Laura Braun, Ute Eskildsen.

Besonderen Dank unseren Familien.

Toncollage

[CD: *Le romané phirimàta 67:30*]

Cia Rinne Aufnahmen **Sebastian Eskildsen** Toncollage

1 Ungarn *Ungària* [5:00]
Kati Puporka: *Zöld az erdő* (*cigány himnusz*) und *Edes anyam*. Hevesaranyos.

2 Indien *India* [12:39]
Akla: *Mumal merme* und *Lal Rumal*. Jaipur.
Apsana, Rožan, Suda und Godia Manganiar: *Ojala*. Barmer.
Samandar Manganiar und Anda Ram.

3 Griechenland *Grècia* [7:07]
Burie Mouratido: *Ederlezi*. Veria.
Makis und Sia: *Jastar amenge dur*. Nea Zoi, Aspropyrgos.
Patino: *Ederlezi*. Drosero, Xanthi.

4 Rumänien *Rumùnia* [16:56]
Nicolae Neacşu: *Balada Conducătorului* (Courtesy of Crammed Discs). Clejani.
Nicolae Manole (Courtesy of Crammed Discs). Clejani.
Florentina Sandu: *Gelem, gelem* und *Mama mea*. Clejani.
Rubina Ferariu: *Nane coxa*. Ştefăneşti.
Aurel Feraru: *Lied von Transnistrien*. Ştefăneşti.
Rubina Ferariu: *Wiegenlied*. Ştefăneşti.

5 Frankreich *Frànca* [10:30]
Dumitru: *If I Was a Rich Man*. Métro Bastille, Paris.
John Adel, Logan Adel und Alain Reinhardt (Fraïda): *Lied der Gipsy Kings*. Perpignan.
Prozession zu Ehren der Heiligen Sarah. Saintes-Maries-de-la-Mer.
Tito, José und Burro. Saintes-Maries-de-la-Mer.

6 Rußland *Rùsia* [8:04]
Marfa: *Ballade von Stalingrad*. Wodstroi, Wolgograd.
Sascha, Dana und Eva Semanis: *So te keras* und *Kolchosnitza*. Bykowo, Moskau.

7 Finnland *Finitiko Them* [6:20]
Ritva und Henkka Berg: *Armahduttu* und *Minä kiitän sinua, Jumala*. Gesterby, Kirkkonummi.

Die Aufnahmen sind in der Zeit zwischen 2000 und 2005 entstanden. Wir haben die Mitwirkenden jeweils um die Erlaubnis gebeten, ihre Musik benutzen zu dürfen, doch in einigen Fällen war es nicht möglich, sich mit ihnen wieder in Verbindung zu setzen. Einen großen Dank ihnen allen.

Die Romareisen [*Le romané phirimàta*]

Fotografien Joakim Eskildsen
Texte Cia Rinne
Vorwort Günter Grass
Buchgestaltung Joakim Eskildsen
Tonaufnahmen Cia Rinne
Toncollage Sebastian Eskildsen
Reproduktion Steidl's Digital Darkroom
Papier Scheufelen Xantur
Fonts Bembo und Myriad

Ausstellungen
Amos Anderson Art Museum, Helsinki, 17. Januar – 11. März 2007
Kulturhuset, Stockholm, 2. Juni – 19. August 2007
Nikolaj Art Hall, Kopenhagen, 24. November 2007 – 3. Februar 2008
Städtische Galerie, Iserlohn, 15. Februar – 13. April 2008
Hilger Contemporary, Wien 2008

Erste Auflage 2007

Fotografien © Joakim Eskildsen 2007
Vorwort © Günter Grass 2007
Alle übrigen Texte © Cia Rinne 2007
Tonaufnahmen © Cia Rinne 2007
Diese Ausgabe © Steidl Verlag 2007

„Die Romareisen" haben freundliche Unterstützung erhalten von
The Hasselblad Foundation
The Mosaïque Programme Award
Nordischer Kulturfonds
Quality Support for Publications of Photographic Art/Arts Council of Finland
The Danish Arts Council
Finnische Kulturstiftung
Svenska Kulturfonden (Finnlandschwedische Kulturstiftung)
FRAME Finnish Fund for Art Exchange
Danish Center for Culture and Development

Steidl
Düstere Straße 4 D-37073 Göttingen
Tel. +49 551 49 60 60 Fax +49 551 49 60 649
mail@steidl.de www.steidl.de www.steidlville.com

ISBN 978-3-86521-429-4
Printed in Germany